Der Antichrist

Friedrich Nietzsche

두행숙(杜幸俶) 서강대학교 독어독문학과를 졸업한 후 독일 뒤셀도르프 대학교로 유학하여 독일문학으로 박사학위를 취득했다. 그 후 서강대, 명지전문대, 한국교원대, 충북대, 중앙대 등에서 독일문학과 철학을 강의했다. 현재는 서강대에서 독일문화사와 독일어 등을 강의하면서 번역 분야에서 활동하고 있다. 창작소설로《길들여진 고독》이 있으며, 주요 번역서로는《헤세, 내 영혼의 작은 새》,《시간이란 무엇인가》,《타이타닉의 침몰》,《디지털 보헤미안》,《거대한 도박》,《의사결정의 함정》,《은하수를 여행했던 천재들의 역사》,《신의 반지》,《헤겔의 미학강의》,《밤이 가장 깊어질 때》,《젊은 베르테르의 슬픔》,《차라투스트라는 이렇게 말했다》,《오레스테이아》,《스마트한 생각》,《데미안》,《너는 나에게 상처를 줄 수 없다》,《다시 살아갈 이유 – 치유의 심리학》 등 다수가 있다. E-Mail: dhsintern@naver.com

안티크리스트

초판 1쇄 인쇄 2016년 8월 12일
초판 1쇄 발행 2016년 8월 19일

지은이 | 프리드리히 니체
옮긴이 | 두행숙
발행인 | 신현부

발행처 | 부북스
주소 | 04601 서울시 중구 동호로17길 256-15 (신당동)
전화 | 02-2235-6041
팩스 | 02-2253-6042
이메일 | boobooks@naver.com

ISBN 979-11-86998-42-7 (04160)

이 도서의 국립중앙도서관 출판예정도서목록(CIP)은 서지정보유통지원시스템 홈페이지(http://seoji.nl.go.kr)와 국가자료공동목록시스템(http://www.nl.go.kr/kolisnet)에서 이용하실 수 있습니다.(CIP제어번호: CIP2016018121)

부클래식

062

안티크리스트

기독교에 대한 저주

프리드리히 니체

두행숙 옮김

차례

_____ 일러두기

1   이 번역서의 원본으로 1895년에 나우만 출판사에서 출간된 초판본(Nietzsche's Werke. Band VIII.:*Antichrist*. Leipzig: C. G. Naummann Verlag, 1895)을 사용했고, 그 이후에 출판된 몇몇 판본은 비교용으로 참고했다.

서문

이 책은 극소수의 사람을 위한 것이다. 아마 그들 중 아무도 아직 태어나지 않았을 수도 있다. 그들이 정녕 나의 《차라투스트라》[1]를 이해할 수 있는 사람들일 것이다. 오늘날 이미 남들에게 이해되고 있는 사람들과 이해될 수 없는 나 자신을 어찌 혼동할 수 있겠는가? — 실로 나는 미래에 가서야 비로소 문제시 될 것이며, 따라서 나를 이해할 수 있는 사람들은 내가 죽은 후에야 태어날 것이다.

나를 이해하기 위해 요구되는 조건들, 그리고 필연적으로 이해하기 위해 **요구되는** 조건들을 — 나는 너무나 잘 알고 있다. 정신적인 내용에 있어, 나의 진지함, 나의 열정을 단지 견뎌 내기 위해서라도 사람들은 냉혹하리만큼 성실해야 할 것이다. 그들은 산

---

1   이는 1883년에 출산된 니체의 서서 《차라투스트라는 이렇게 말했다(Also sprach Zarathustra)》를 가리킨다.

위에서 사는 것에 익숙해져 있어야 한다 ─ 정치와 국민적 이기주의(利己主義)의 가련하고 덧없는 요설(妖說)[2] 따위를 자기의 **발밑으로** 내려다보는 데 익숙해져 있어야 한다. 당신은 냉담해져야 하고, 진리가 유용한가, 혹은 진리가 우리에게 파멸이 되지 않을까 결코 물어볼 필요가 없다. 오늘날 아무도 감히 문제 삼을 용기가 없는 그런 문제들을 좋아하는 용기. **금단(禁斷)**의 것을 바라는 용기. 미궁으로 향하는 운명. 일곱 개의 뼈저린 고독으로부터 나오는 경험. 새로운 음악에는 새로운 귀. 가장 먼 것을 위한 새로운 눈. 이제까지 묵살되어 온 진리들을 위한 새로운 양심. 그리고 거대한 스타일의 경제에 대한 의지. 즉 그것의 힘, 그것의 **열정**을 한데 모으는 것…… 자기에 대한 존경, 자기에 대한 사랑, 자기에 대한 무조건적인 자유……

그렇다! 이러한 사람들만이 나의 애독자(愛讀者), 진정한 나의 애독자들이다. 나의 숙명적인 애독자들인 것이다. 그 나머지 사람들이야 무슨 상관인가? ─ 그 나머지들이야 그냥 인류일 뿐이다. ─ 우리는 힘으로써, 영혼의 **고양(高揚)**으로써 ─ 그리고 경멸로써 인류를 넘어서야 할 것이다……

프리드리히 니체

1

— 우리의 얼굴을 유심히 바라보자. 우리는 차가운 북풍 너머에 살고 있는 주민들[3]이다. — 우리가 얼마나 멀리 떨어져 살고 있는지 우리는 잘 알고 있다. "육지로든 바다로든 너는 북쪽 저편에 사는 사람들에게로 가는 길을 찾을 수 없을 것이다"라고 말한 핀다로스[4]는 이미 우리에 대하여 이것을 알고 있었다. 북풍 너머, 얼음 너머, 죽음 너머에 — 우리의 삶과 우리의 행복…… 우리는 행복을 발견하였다. 우리는 그 길을 알고 있으며, 우리는 실로 수천 년에 걸친 미궁(迷宮)으로부터 벗어날 출구를 발견한 것이다. 우리가 아니면 누가 그 길을 발견했겠는가? — 이를테면 현대인이? 그러나, "나는 출구도 입구도 모른다. 나는 출구도 모르고 입구도 모르는 존재이다" — 탄식하는 것이 바로 현대인이다…… 이러한 현대성에 의해 우리는 병들어 있었다 — 허울 좋은 평화, 비굴한 타협, 현대의 긍정과 부정의 온갖 도덕적인 불결함에 의해 우

---

3   원문에는 'Hyperboreer(휘페르보레어)'로 되어 있는데, 이는 그리스 신화에 나오는 '북풍 너머(hyperboreas)'를 독일어로 옮긴 것이다. '휘페르보레어'는 '북풍 너머에 사는 사람'이라는 뜻으로, 아폴론 신을 믿는 사람들이 최고의 행복 속에서 살아가고 있다고 하는 나라를 일컫는다.

4   핀다로스(기원전 518 ~ 438년): 그리스의 시인. 위의 구설은 그의 송가(頌歌) 'Pythia'의 제10 송가에 나온다.

리는 병들어 있었다. 모든 것을 '이해'하기 때문에 모든 것을 '용서'한다는 관용과 넓은 **도량(largeur)**[5]은 우리에게는 열풍(熱風)인 것이다. 그 따위 현대적 미덕과 그 밖의 남풍(南風) 아래서 살기보다는 차라리 얼음 위에서 사는 것이 낫다! …… 우리는 충분히 용감했으며, 우리 자신에게나 타인에게나 가차 없었다. 그러나 우리는 오랫동안 우리의 용기를 어디로 향해야 할지 알지 못했다. 우리는 음울해졌고, 사람들은 우리를 숙명론자라고 불렀다. 우리의 운명 — 그것은 힘의 넘침과 긴장, 그리고 힘의 축적이었다. 우리는 번갯불과 행동을 갈망하였고, 우리는 나약한 무리들의 행복, '인종(忍從)'과는 가장 거리가 먼 곳에 있었다…… 우리가 숨쉬는 대기 속에서는 뇌우(雷雨)가 일었고, 우리의 본성은 어두워져 갔다. — 우리에게는 나아갈 길이 없었기 때문이었다. 우리의 행복의 공식이란 곧 하나의 긍정(肯定), 하나의 부정(否定), 하나의 직선, 하나의 목표……

2

선(善)이란 무엇인가? — 그것은 인간에게 힘[6]에 대한 감정, 힘에

---

5   여기서처럼 니체는 이 저서에서 특히 프랑스어 단어들을 많이 사용하고 있다. 역자는 독자들의 이해를 돕기 위해 가능하면 원문의 단어를 함께 실었다.

6   니체는 이 저서에서 'Macht(마흐트)'라는 단어를 자주 사용하는데, 역자는 이를 문맥상 주로 '힘'으로 번역했다. 이는 종종 '권력(權力)'으로 번역되기도 한

의 의지, 힘 자체를 증대시키는 모든 것이다.

악(惡)이란 무엇인가? ─ 그것은 나약함에서 유래하는 모든 것이다.

행복이란 무엇인가? ─ 그것은 힘이 증가한다는 감정, 저항이 극복되었다는 감정이다.

만족이 아니라 오히려 더 많은 힘을. 결코 평화가 아니라 오히려 투쟁을, 덕(德)이 아니라 오히려 유능함(즉 르네상스식의 덕 virtù이며 위선적인 도덕에서 떠난 덕)을.

나약한 자들과 실패자들은 몰락해야 한다. 이것이 바로 우리의 인간애(人間愛)의 제1 원리이다. 그리고 우리는 또 그들이 몰락하도록 도와줘야 한다.

그 어떤 악덕보다도 더 해로운 것은 무엇인가? ─ 그것은 모든 실패자와 약자들에 대한 동정적(同情的)인 행위 ─ 바로 기독교인 것이다……

3

내가 여기서 제기하는 문제란 생물 존재의 계열에서 인류(人類)를 무엇으로 교체해야 할 것인가 하는 문제가 아니라(─ 인간이란

다. 그 예로 니체의 나튼 서서의 세목인 《권력에의 의시(Der Wille zur Macht)》를 들 수 있다.

하나의 **종말**(終末)이다 ─). 대신에 더 높은 가치를 지닌 자로, 더 살 만한 가치를 지닌 자로, 미래를 더 보장할 수 있는 자로, 어떠한 전형(典型)의 인간을 **육성**하고, 원해야 하는가 하는 문제이다.

이와 같이, 더 높은 가치를 지닌 전형은 이미 너무나도 자주 나타났었다. 그러나 그것은 하나의 요행으로서, 하나의 예외로서 였지, 한 번도 원해서는 아니었다. 오히려 그런 자는 가장 두려워 할 대상이었고, 그런 자는 지금까지 거의 공포 그 **자체**였던 것이 다. ─ 그러자 그 두려움 때문에 그와는 정반대되는 전형이 요구 되고, 육성되고, **완성**되었다. 길들여진 동물, 군집(群集) 동물, 병든 동물, 즉 인간 ─ 기독교도(基督教徒)……

4

인류란, 오늘날 우리가 믿고 있듯이 더 나은 것, 더 강한 것으로의 발전, 혹은 더 높은 것으로의 발전을 나타내는 것이 아니다. '진보 (進步, Fortschritt)'란 한갓 현대적 이념, 즉 하나의 잘못된 이념에 불과하다. 오늘날의 유럽인은 그 가치 면에서 르네상스 시대의 유럽인보다 훨씬 떨어진다. 진보라는 것은 결코 어떤 필연적인 방식으로 고양(高揚), 상승(上昇), 강화(强化)와 연결된 것이 아니다.

또 다른 의미에서 보면, 지상(地上)의 여러 곳에서, 서로 다른 여러 문화에서 늘 지속적으로 개별적인 성공이 있는 것이며, 여 기에서 실제로 더 **고등**(高等)한 전형, 인류 일반과 비교하면 일종의 초인(超人, Übermensch)[7]이 나타난다. 그렇게 요행히 위대한 성공을 거두는 경우들은 언제나 가능했으며, 아마도 또 언제나 가능할 것이다. 그리고 모든 세대(世代), 모든 종족, 모든 민족이 상황에 따라서는 그러한 요행(僥倖)을 연출할 수 있는 것이다.

5

기독교를 미화(美化)하거나 요란하게 치장해서는 안 된다. 기독교는 이와 같이 보다 높은 전형적 인간에 맞서 목숨 건 투쟁을 벌여왔고, 그런 전형적 인간이 가진 근본적 본능들을 모두 추방했으며, 이러한 본능들을 증류(蒸溜)하여 악(惡)과 악인(惡人)이라는 것을 만들어 낸 것이다. ─ 즉 강한 인간을 전형적으로 비난받아 마땅한 자, '버림받은 인간'으로 취급하였다. 기독교는 나약하고 천박하고 실패한 모든 것들의 편을 들어왔으며, 생명의 강한 보존 본능에 반박하는 것을 이상(理想)으로 삼아 왔다.

기독교는 정신성(精神性, Geistgkeit)이 지닌 최고 가치를 죄악이라고, 잘못 인도하는 것이라고, 유혹이라고 느끼도록 가르치면

---

7   '초인(超人)'(독일어: Übermensch, 위버멘슈)은 니체의 사상에서 핵심적으로 언급되는 인물이다. 이 초인적 인물의 의미와 존재, 삶에 대해서는 이 책《안티크리스트(Antichrist)》보다 앞서 출간된 그의 《차라투스트라는 이렇게 말했다》에서 심층적으로 묘사되고 있다. 이에 대해서는 역자의 번역서인 《차라투스트라는 이렇게 말했다》(두행숙 역, 부북스출판사, 2012)를 참조하기 바란다.

서, 심지어 정신적으로 강한 천성을 지닌 인간들의 이성(理性)마저도 파멸시켰다. 그중에서도 가장 통탄할 만한 예(例)가 바로 파스칼[8]의 타락이다. 그는 자신의 이성이 원죄에 의해 타락했다고 믿었던 것이다. 사실 그를 망친 것은 오직 그의 기독교였는데 말이다! —

6

내 눈앞에서 하나의 고통스럽고 몸서리쳐지는 연극 같은 광경이 펼쳐졌다. 나는 인간의 타락(Verdorbenheit)을 가리고 있던 장막을 걷어 내 버린 것이다. 내 입에서 나오는 이 타락이라는 말에 대해서 적어도 하나의 의혹도 가져서는 안 된다. 그것이 인간에 대한 도덕적 고발을 담고 있지 않은가 하는 의혹 말이다. 그것은 — 내가 다시 한 번 강조하는데 — 위선적인 도덕의 냄새를 떠나서(moralinfrei)라는 말이다. 지금껏 사람들이 '덕(德)'을 성취하고 '신성(神性, Göttlichkeit)'을 획득하기 위해서 협력하고 노력하였던 바로 그곳에서 나는 가장 극심한 타락을 볼 정도까지 이것을 원한다. 이미 추측하였으리라고 생각하지만, 나는 타락을 데카당스

---

8   파스칼(Blaise Pascal, 1623 ~ 1662): 그는 프랑스의 뛰어난 수학자이자 철학자로, 원추곡선에 관한 논문, 확률 계산법을 발표하고 계산기를 발명하는 등 탁월한 학문적 성과를 남겼으나, 말년에는 오히려 지나치게 기독교 신앙에 심취하고 명상에 몰두하였다. 니체는 그러한 파스칼의 변화를 '타락'으로 보고 있다.

(décadence)[9]의 뜻으로 이해하고 있다. 나는 오늘날 인류가 최고로 소망하는 것을 포괄하고 있는 가치들은 모두 다 데카당스의 가치라는 점을 주장하는 바이다.

어떤 짐승이든, 어떤 종(種)이든, 어떤 개인이든 자기의 본능을 상실하고 자기에게 피해를 주는 것을 선택하고 선호할 때, 나는 그것을 타락했다고 부른다. "보다 고귀한 감정"의 역사라든가, "인류의 이상(理想)"의 역사 또한 — 나 자신이 이 역사를 서술해야 할지도 모르겠다 — 인간이 왜 그처럼 타락해 버렸는지를 밝혀 주는 설명이 될 수도 있을 것이다.

내가 보기에 삶 자체는 성장을 위한 본능, 지속을 위한 본능, 힘(Kräfte)의 축적을 위한 본능, 힘(Macht)[10]을 위한 본능이다. 힘(Macht)에의 의지(意志)가 결핍된 곳에는 몰락이 있다. 내가 주장하는 바는, 이러한 의지가 인류의 모든 최고 가치(價値)들에는 결핍되어 있다는 것이며 — 몰락의 가치들이, 허무주의(虛無主義)적

---

9   데카당스(décadence)는 '타락' 또는 '퇴폐'를 뜻하는 프랑스어다. 원래 주로 19세기 후반 프랑스 상징파 예술가들이 취한 탐미적 경향이나 자학, 절망적, 유미적, 향락적 표현 형식 등을 가리킨 말로, 그런 경향을 표현한 세기말 문학가들을 가리켜 데카당(décadent)이라고 불렀다. 대표적 작가로 프랑스의 폴 베를렌, 아르튀르 랭보 등을 꼽는다. 니체는 여기에서 이 말을 그가 공격하는 유약하고 자기 비하적(卑下的)인 인물들이나 기독교적 성향을 보이는 것들을 공격하는 데 자주 사용하고 있다.

10   이 구절의 독일어 문장에는 '힘'을 나타내는 두 개의 단어 'Kräfte'과 'Macht'가 함께 쓰이고 있다. 역자의 생각으로 앞의 'Kräfte'는 삶을 위한 신체적, 운동적인 힘이라면, 'Macht'는 그보다 더 한 차원 위인 정신적인 힘내지는 권력을 추구하는 힘으로 보인다.

가치들이 가장 신성한 이름 아래 지배권을 휘두르고 있다는 것이다.

7

기독교는 연민(憐愍, Mitleiden)의 종교라 불린다. — 연민은 생명감의 원기를 증대시키는 긴장된 정서와는 반대되는 것이다. 그것은 우울한 작용을 한다. 사람은 연민을 느낄 때면 힘을 상실한다. 살아가느라 고통을 겪게 하는 힘의 상실은 연민으로 인해 더욱 커지고 몇 배로 불어난다. 연민으로 인해 고통 자체가 전염되고, 경우에 따라 연민은 원인의 규모에 비해 어처구니없을 정도로 균형이 맞지 않아, 삶과 활력 에너지의 총체적 상실을 가져올 수도 있다(— 나사렛 사람의 죽음이 그런 경우다).[11] 이것이 고려해야 할 첫 번째 관점이다. 그러나 더 중요한 관점이 하나 더 있다. 연민이 으레 일으키는 반작용들의 가치에 따라 연민을 평가한다면, 연민의 치명적인 위험들은 훨씬 더 분명하게 드러난다. 일반적으로 연민은 선택(選擇, Selektion)의 법칙인 발전의 법칙을 방해한다. 연민은 몰락에 가까이 가 있는 것을 보존하고, 생명에 의해 상속권을 박탈당하고 죄인으로 판결이 내려진 것을 변호하기 위해 저항하며, 연민은 각양각색의 실패자들을 살려 둠으로써 생

---

11   예수 그리스도의 죽음을 말하고 있다.

명 자체에 음산하고도 기괴한 성격을 부여한다. 사람들은 연민을 감히 하나의 덕(德)이라고 불러 왔다(— 모든 **고결한** 도덕에서는 연민이란 약한 것으로 간주된다). 더욱더 나아가 사람들은 연민을 덕 자체로 여기고 모든 덕의 토대와 근원으로 삼았다. — 물론 이것은 방패에 **삶의 부정(否定)**이라고 새긴 허무주의적인 철학의 관점이라는 것을 항상 잊어서는 안 된다. 연민은 삶을 부정하고 부정할 만한 것으로 만든다고 본 점에 있어서 쇼펜하우어[12]는 옳았다. — 연민은 허무주의의 실천인 것이다. 다시 한 번 말하거니와, 그와 같은 우울하고 전염성이 있는 본능은 삶을 보존하고 삶의 가치를 고양시키려고 애쓰는 본능들을 가로막는다. 비참한 모든 것을 **보존케 하는** 꼭 그 만큼 비참함을 **증대시킴으로써**, 연민은 데카당스를 심화(深化)하기 위한 하나의 핵심 도구가 된다. — 연민은 사람이 무(無, Nichts)가 되도록 설복시킨다! ······ '무'라는 말을 하지 않지만, 그 대신 '피안(彼岸, Jenseits)'이라고 말하거나, 혹은 '신(神)', 아니면 '진실한 삶', 또는 니르바나(Nirvana, 열반), 구원, 지복(至福)이라고 말한다······ 종교적 도덕적 특질의 영역에서 나

---

12   쇼펜하우어(Arthur Schopenhauer, 1788 ~ 1860): 독일의 염세주의(厭世主義) 철학자. 그는 그의 유명한 저서 《의지와 표상으로서의 세계(Die Welt als Wille und Vorstellung)》(1818)에서 인간의 삶은 이성(理性)이 아닌 의지(意志)의 작용에 주로 의지하는데, 이 의지라는 것 자체가 맹목적인 것이어서 인간은 삶은 결국 방향성을 잃고 있다고 보고 삶 자체에 대하여 회의를 품었다. 니체는 청년 시절에 그의 영향을 많이 받았으나 나이가 들면서 쇼펜하우어의 삶에 대한 지나친 적내심에 반발을 느꼈나. 《안티크리스트》를 쓰는 시섬에서 그는 이미 쇼펜하우어의 영향에서 벗어나 있으면서 그의 정신세계를 종종 공격하고 있다.

온 이 순수한 수사법(修辭法)도, 이 숭고한 말의 외투 안쪽에 감싸여 있는 어떤 경향이 간파되는 즉시 훨씬 덜 순수한 것이 드러나게 된다. 그것은 바로 삶에 적대적인 경향이다. 쇼펜하우어는 삶에 적의를 품고 있었다. 그래서 그에게는 연민이 덕이 되었던 것이다…… 이미 알다시피, 아리스토텔레스는 연민이란 병적이고 위험한 상태이므로 때로는 정화(淨化, Purgativ)를 통해서 그것을 극복하는 것이 좋다고 보았다. 그는 비극을 하나의 정화로 이해했던 것이다.[13] 실제로 삶에 대한 본능에서 사람들은 쇼펜하우어의 경우에 보이는 것 같은 (유감스럽게도 상트페테르부르크[14]에서 파리에 이르기까지, 톨스토이에서 바그너[15]에 이르기까지 우리의 문학적, 예술적 데카당스의 경우도 그렇지만) 연민의 병적이고 위험한 퇴적(堆積)에 일격(一擊)을 가할 적합한 치료제를 발견해야 할 것이다. 퇴적된 연민을 터뜨려 버리기 위해서 말이다…… 불건전한 현대성(現代性) 한가운

---

13   아리스토텔레스(Aristoteles, 기원전 384 ~ 322)는 그의 저서《시학(詩學, poiêtikos)》에서 비극의 개념을 공포를 감상함으로써 마음속에 억압되어 있던 감정을 해소하고 마음을 '정화'(그리스어: 카타르시스 catharsis)하는 것으로 보았다.

14   상트페테르부르크(Sankt Peterburg)는 러시아의 제2의 도시이나, 18-19세기에는 러시아의 사실상의 수도(首都) 역할을 하면서 문화가 러시아에서 가장 발달한 곳이었다.

15   바그너(Richard Wagner, 1813 ~ 1883): 독일의 작곡가. 니체는 청년기에 그에게서 깊은 영향을 받았으며, 그를 진정한 예술가로 보고 숭배하였으나, 이후 특히 그의 기독교적 구원 사상에 환멸을 느껴 그에게서 등을 돌렸다. 그럼에도 불구하고 니체의 의식 속에는 늘 바그너의 모습이 자리하고 있었는데, 그것은 그가 그의 여러 저작 속에서 바그너를 자주 언급하는 데서 — 물론 거의 대부분 비난하고 있지만 — 드러나고 있다.

데서 기독교적 연민보다 더 병들어 있는 것은 없다. 여기서 의사가 되고, 여기서 냉혹해지고, 여기서 칼을 들이대는 것 — 이것이 우리가 할 일이며, 이것이 우리 식의 인간애(人間愛)다. 이렇게 함으로써 우리는 철학자가 되는 것이다, 우리는 저 북극인(北極人)이 되는 것이다!

8

우리가 누구를 우리의 적수(敵手)로 느끼고 있는지에 대해 말할 필요가 있다. — 신학자(神學者)와 신학자의 피를 몸 안에 지니고 있는 모든 것 – 바로 우리의 철학 전체가 그것이다…… 이 재앙을 가까이서 볼 필요가 있는데 — 더 좋은 것은, 그것을 직접 체험할 필요가 있다. 그것 때문에 거의 몰락할 지경에 이를 정도가 되어야 한다 — 그래야 그것이 농담이 아니라는 것을 안다(— 우리네 자연과학자들과 생리학자들이 자유로운 사상을 갖고 있다고 주장할 때 내가 보기에는 진짜 농담에 지나지 않는다. — 그들에게는 이러한 일에 대한 열정도 없으며 이러한 일 때문에 고생을 하지도 않는다. —). 이러한 오염은 생각보다 훨씬 더 멀리까지 미치고 있다. 오늘날 사람들이 스스로 '이상주의(理想主義)자'라고 느끼는 곳이면 어디서든, 자신의 혈통이 높다 해서 현실을 위에서 바라볼 권리를 가지려 하는 곳이면 어디서든, 나는 오만(午慢)이라는 신학자적 본능이 불쑥 튀어나오는 것을 발견하곤 하였다…… 이상주의자는 성직자와 똑같이 모든 거창한 개념들을 손아귀에 쥐고 있다(— 단지 손아귀에 쥐고 있는 것만으로 그치지 않는다!). 그는 '오성'이나 '감각', '명예', '복된 삶', '과학'을 호의적으로 경멸(輕蔑)함으로써 그러한 개념들을 희롱하고 있다. 그는 이러한 것들이 마치 유해하고 유혹적인 힘인 것처럼 저만치 아래로 내려다보고, 이러한 것들 위에는 '정신(精神)'이 순수한 절대성의 상태에서 떠돌고 있다고 생각한다. — 마치 겸허, 정절, 가난(즉 한마디로 말해 신성한 것)이라는 것들이 지금까지 그 어떤 공포나 악덕보다도 이루 말할 수 없이 많은 해악을 삶에 끼쳐 온 것이 사실이 아니라는 듯이 말이다…… 순수 정신(純粹精神)이라는 것이야말로 순수기만(欺瞞)인 것이다…… 삶을 부정하고 비방하며 삶에 해독을 끼치는 것을 **직업으로 삼고 있는** 성직자가 고**급**(高級) 인간형으로 간주되고 있는 한, 진리란 무엇인가라는 물음에 대답은 나올 수 없다. 무(無)와 부정(否定)을 의식적으로 변호하는 자가 '진리'의 대변자로 통한다면, 이미 진리는 전도(顚倒)되어 버린 것이기 때문이다……

9

이러한 신학자적 본능에 맞서서 나는 투쟁하고자 한다. 나는 그 흔적을 도처에 발견하였던 것이다. 신학자의 피를 몸 안에 갖고 있는 자는 처음부터 모든 일에 대해 뒤틀리고 정직하지 못한 태도를 취한다. 그리고 그러한 태도에서 전개되는 파토스(Pathos:

비애의 감정)를 바로 신앙(信仰)이라고 부른다. 치유 불가능한 기만의 모습에 고통 받지 않으려고 자신에 대해서 맹목적으로 눈을 영원히 감아 버리는 것이다. 매사에 이런 잘못된 시각에서 도덕과 미덕, 신성함을 만들어 내고, 잘못 보는 것을 양심적인 것과 결부시킨다. ― 그리고는 자기 자신의 시각을 '신'이라든가 '구원', '영원 같은 이름을 들어 신성불가침(神聖不可侵)한 것으로 만들어 버린 후에, 그 외의 다른 모든 시각은 더 이상 아무런 가치도 지니지 못하도록 요구하는 것이다. 그런 신학자적 본능을 나는 도처에서 파헤쳐 냈다. 그것은 지상에 존재하는 것 중에서 가장 광범하게 퍼져 있는, 본래는 지하적(地下的)인 형태의 기만이다. 어떤 신학자가 진실하다고 생각하는 것은 반드시 허위임에 틀림없다. 그거야말로 실질적으로 진리를 판정하는 하나의 기준이 될 정도다. 현실의 어떤 점이라도 존중하거나 그것을 입에 담는 것조차 금지하는 것이야말로 신학자의 가장 깊은 자기보존(自己保存) 본능이다. 신학자의 영향이 미치는 한 가치판단(價值判斷, Wert-Urteil)은 뒤집히고, '진실'과 '허위'의 개념도 필연적으로 뒤바뀌게 된다. 삶에 가장 해로운 것이 여기서는 '진실'이라고 불리고, 삶을 고양시키고, 강화하고, 긍정하고, 정당화하며 승리하게 만드는 것이 여기서는 '허위'라고 불린다…… 신학자들이 군주(또는 민족―)의 '양심"을 빌어 권력을 장악하려고 손을 뻗치는 일이 벌어지면, 그때마다 근본적으로 무슨 일이 일어날지는 우리에게 명백하다. 바로 종말(終末)에의 의지, 허무주의적 의지가 권력을 원하고 있는 것이다……

10

독일인들은, 신학자들의 피에 의해서 철학이 부패했다고 내가 말하면 내 말을 곧 이해할 것이다. 프로테스탄트주의 (Protestantismus, 개신교)의 목사는 독일 철학의 조상이고, 프로테스탄트주의 자체가 독일 철학의 원죄(原罪, pecacatum originale)인 것이다. 프로테스탄트주의에 대한 정의(定義), 그것은 바로 기독교 ― 그리고 이성(理性)의 반신불수(半身不隨)다…… 독일 철학이라는 것이 근본적으로 **무엇인지**를 파악하려면 '튀빙겐 신학교'[16]라는 말을 내뱉는 것만으로도 충분하다 ― 그것은 **교활한 신학**(神學)에 불과한 것이다…… 슈바벤(Schwaben) 사람들은 독일에서 가장 심한 거짓말쟁이들로, 그들은 천진하게 거짓말을 내뱉곤 한다…… **칸트**(Kant)의 출현에, 4분의 3이 목사의 자식들과 교사의 자식들인 독일 학계는 왜 그토록 열광적인 환호성을 질렀나? ― 오늘날까지도 여전히 이 확신의 메아리(反響)는 남아 있는데, 독일인들은 왜 그토록 칸트[17]가 더 좋은 쪽으로 전환(轉換) 시

---

16   튀빙겐 신학교(Tübinger Stift)는 독일 남서부 슈바벤 지방의 튀빙겐 시에 있다. 이곳은 독일의 철학자 헤겔(Hegel), 셸링(Schelling) 등이 공부한 곳이며, 루터교의 프로테스탄트주의(Protestantismus, 개신교) 사상을 가르쳐 왔다. 프로테스탄트주의는 독일의 수도사 마르틴 루터(Martin Luther, 1483 ~ 1546)가 일으킨 종교 개혁의 결과로 생겨난 것이므로, 결국 독일인들 자신이 이 개신교의 출현에 대한 책임이 있다고 니체는 보고 있다.

17   칸트(Emmanuel Kant, 1724 ~ 1804): 독일 철학자. 그는 그의 비판철학에서 '순수이성(純粹理性, reine Vernunft)'과 '도덕적 세계 질서'의 존재에 대한 믿음을 표명하고, 이를 특히 《실천이성비판》에서 증명하려 하였다. 니체는 《안티크리스

컸다고 확신하는가? 독일 학자들의 신학자적 본능은 다시 무엇이 가능한지를 단지 추측한 것이다…… 즉 과거의 이상(理想)으로 나아갈 숨겨진 길이 열렸고, '진실한 세계', 세계의 본질(Essenz)(― 세상의 오류들 가운데서도 가장 사악한 이 두 가지 오류!)로서의 도덕 개념이, 이제 다시금 교활한 회의(懷疑) 덕분에 증명하기는 불가능하더라도 더 이상 논박도 할 수 없는 것이 되어 버렸다…… 이성과 이성의 권리는 그렇게까지 멀리 미치지는 못한다…… 현실(Realität)은 단지 하나의 '가상적인 것(Scheinbarkeit)'이 되었고, 완전히 날조된 '존재자의(des Seienden) 세계'는 현실이 되어 버렸다…… 칸트의 성공은 단지 신학자적 성공에 불과한 것이다. 칸트는 루터나 라이프니츠[18]와 마찬가지로, 그 자체로도 확실하지 않은 독일적 정직성(正直性)에 제동을 건 또 하나의 방해물이었던 것이다……

11

도덕주의자 칸트에 대하여 항의할 말이 한마디 더 있다. 덕(德)이란 우리가 고안해 낸 것이어야 하며, 우리 자신의 가장 개인적인 정

트》에서 칸트가 주장한 '순수이성'에 대하여 비판하고 있으며, 특히 아래의 11장과 12장에서는 칸트가 주장하는 '도덕'의 허구성을 들추면서 역시 그를 비판하고 있다.

18   루터(Luther)와 라이프니츠(Leibniz, 1646 ~ 1716)는 각각 근대 독일의 대표적인 신학자이자 철학자, 철학자이자 수학자로 존중되고 있는데, 니체는 여기서 칸트뿐만 아니라 그들도 과감하게 비판하고 있다.

당방위이자 필수품이어야 한다. 다른 의미로, 덕은 위험할 뿐이다. 삶을 위한 조건이 되지 않는 것은 무엇이든 삶에 해가 될 뿐이다. 칸트가 느꼈듯이, '덕'의 개념을 존중하는 감정에서 배타적으로 나온 덕은 해가 된다. '도덕', '의무', '선(善) 그 자체', 비개인성(非個人性)과 보편타당성의 특징을 지닌 선 — 그것들은 삶의 궁극적인 소진(消盡), 그리고 쾨니히스베르크적인 중국주의(中國主義)(Königsberger Chinesenthum)[19]의 쇠퇴의 표현이며 환영(幻影)에 불과한 것이다. 보존과 성장의 가장 기본적인 법칙들은 그 반대되는 것을 요구한다, 즉 각자 자기 나름의 덕, 자기 나름의 정언적 명령(定言的 命令, Kathegorischer Imperativ)[20]을 만들어 내야 한다. 어떤 민족이든 자기 고유의 의무를 의무 개념 일반과 혼동할 때, 그 민족은 멸망하고 만다. 모든 '비개인적인' 의무, 추상(抽象)의 몰로흐(Moloch) 신[21]에 대한 온갖 희생보다 더 철저하게 혹은 내면적으로 사람들을 파멸시키는 것은 없다. — 그런데도 칸트의 정언적 명령을 사람들은 치명적인 위험으로 느끼지 않았다니!

---

19   이것은 니체가, 기독교에 대하여 마치 중국식으로 너무나 예의바르게 순종적인 태도를 취하고 있는 칸트를 꼬집는 표현이다.

20   '정언적 명령'은 칸트 철학의 정수(精髓)라 할 수 있는 용어로서, 도덕법칙은 이 세상에서 어떤 목적을 달성하거나 행복을 얻기 위한 수단이 아니라 그 자체로서 최고의 가치를 지니는 것이다. 그 법칙이 반드시 '이렇게 해야 한다'라고 내리는 명령을 뜻한다. 니체는 이것도 역시 비판하고 있다.

21   Moloch는 고대 셈족이었던 페니키아인들이 숭배하던 신으로 본래 산 사람을 그에게 제물로 바쳐야 했다.《구약성경》에서 자신의 아들을 산채로 여호와 신에게 제물로 바치려 했던 아브라함의 경우도 그런 전통을 계승한 경우라고 볼 수 있다. 니체는 이 신을 여기서 일종의 우상신(偶像神)으로 보고 있다.

…… 그를 감싸고 있었던 것은 오직 신학자적 본능이었는데도 말이다! — 삶의 본능이 우리를 행동하도록 자극할 때 하는 행동이 올바른 행동이라는 것은 바로 쾌감(Lust)이 증명한다. 그러나 기독교적 신조의 내장(內臟)을 지닌 저 허무주의자는 쾌감을 오히려 항의(抗議)로 이해했다…… 내적인 필연성도 깊은 개인적 선택도 없이, 아무런 즐거움도 없이 일하고 생각하고 느끼는 것보다 더 급속히 인간을 파괴시키는 것이 있을까? '의무'의 자동기계보다? 그것이야말로 데카당스에, 심지어 백치에 이르게 하는 처방(處方)인 것이다…… 칸트는 백치가 되고 말았다. — 그러한 그가 괴테(Goethe)[22]와 동시대인이었다니! 거미(蜘蛛)의 이 재앙은 독일의 철학자로 통했고 — 여전히 지금도 그렇다! …… 내가 독일인들에 대해 어떻게 생각하는지에 관해서는 굳이 말하지 않겠다…… 칸트는 프랑스 혁명을 통해 국가가 비유기적(非有機的)인 형태에서 유기적인 형태로 전환되는 것을 보지 않았던가? 그는 인간의 도덕적 성향에 의하지 않고는 도저히 설명될 수 없을 만한 사건이 있어서 그 때문에 '선(善)을 추구하는 인간의 성향'이 최종적으로 증명되는 것이 아니냐고 스스로에게 묻지 않았던가? 이에 대한 칸

---

22   괴테(1749 ~ 1832)는 칸트의 같은 시대에 살았던 독일의 최대 문호로, 그의 유명한 작품으로는《젊은 베르테르의 슬픔》,《파우스트(Faust)》등이 있다. 니체는 여기서 뿐만 아니라 그의 다른 저작인《우상의 황혼》에서도 괴테가 특히 르네상스의 자연관을 받아들여 자연으로 복귀함으로써 18세기 유럽의 정신세계로부터 벗어났다는 점을 들어 거의 유일하게 괴테만은 존중하고 있다. 여기서는 그런 괴테가 살았던 시대에 니체 자신이 혐오하는 칸트도 함께 살았다는 것을 탄식하고 있다.

트의 대답은 "그것은 혁명이다"는 것이었다. 모든 것에 잘못을 저지르는 본능, 본능으로서의 반자연(反自然), 철학으로서의 독일적 데카당스 — 이것이 바로 칸트이다! —

12

나는 철학사에서 볼 수 있는 괜찮은 전형(典型)으로서 몇몇 회의주의자는 제외시키겠다. 그러나 나머지는 지적(知的) 성실성의 기본적인 요구 사항들에 대한 개념조차 알지 못하는 자들이다. 그들은 하나같이 어린 여자들처럼, 대단한 몽상가들처럼, 기인(奇人)들처럼 행동한다, — 그들은 '아름다운 감정'을 곧장 논증(論證)으로, '부푼 가슴'을 신의 풀무로, 신념을 진리의 표준(標準)으로 간주한다. 마침내 칸트조차 '독일적'인 순진함으로 이러한 부패의 형태, 지적 양심의 결핍을 취해서 그것을 '실천이성(實踐理性, praktische Vernunft)'이라는 개념 아래 학문화(學問化)하려고 시도했다. 숭고한 명령 "너는 마땅히 해야 한다(du sollst)"라는 도덕이 들릴 때, 그는 사람들이 그것을 염려하지 않도록, 특별한 형태의 이성을 고안해 낸 것이다. 거의 모든 민족들에게 있어 철학자라고 하는 자들은 성직자의 유형이 더 발전해 나간 것에 지나지 않는다는 것을 생각하면, 이런 성직자의 유산(遺産), 자기 자신을 기만(欺瞞)하는 짓거리들은 특별히 놀랍지도 않아 보인다. 예컨대 인류를 개선하고 구제하고 구원한다는 신성한 사명을 지니게 되면, 신성(神聖)을 가슴에 지니고 저 세상에서 오는 명령을 전하는 대변자가 되면 이러한 종류의 사명으로 인해 사람들은 단순히 모든 합리적인 가치 평가(價値評價)에서 벗어난다. ─ 이러한 사명에 의해 그들은 스스로 이미 신성시되고, 이미 더 높은 질서의 전형이 되어 버린 것이다! …… 성직자에게 학문 따위가 무슨 소용이 있겠는가! 그들은 그 모든 것 위에 있는데! ─ 더구나 지금까지 성직자가 **지배해** 왔는데 말이다! 그들이 '진리'와 '비진리(非眞理)'의 개념을 **결정해** 왔는데 말이다! ……

13

우리는 다음과 같은 사실, 즉 **우리 자신**, 우리의 자유정신은 이미 '모든 가치의 전도(Umwertung aller Werte)', '진리'와 '비진리'라는 모든 낡아빠진 개념에 대한 **생생한** 선전포고이자 승리의 선언이라는 것을 경시하지 말자. 가장 가치 있는 통찰들은 가장 늦게 발견되는 법이다. 그런데 가장 가치 있는 통찰들이라는 것은 **방법론**들이다. 오늘날 우리의 학문이 갖고 있는 **모든** 방법들, **모든** 전제들은 수천 년 동안 스스로 가장 깊이 경멸해 왔다. 그것들이 몸에 배인 사람들은 '성실한(honette)' 사람들과 교제를 할 수가 없었다. ─ 그러한 사람들은 '신의 적들', '진리의 경멸자들', '귀신들린 자'로 간주되었다. 학문적인 성격으로서는 찬다라적 존재

²³였다…… 우리는 인류의 온갖 파토스(Pathos)를 적대시해 왔던 것이다. — 진리란 무엇이어야만 하는가, 진리에 헌신하는 것은 무엇이어야 하는가에 대한 그들의 개념을 말이다. '너는 해야 한다'라는 모든 명령은 지금까지는 우리에게 적대적이었다…… 우리의 목적들, 우리의 실천들, 우리의 조용하고 세심하고 의심하는 본성 — 이 모든 것은 인류에게 전혀 무가치하고 경멸할 만한 것으로 간주되었다. — 결국, 공정하게 말하자면 그렇게 오랫동안 인류의 눈을 가려 온 것은 진실로 **미적 감식력**(aesthetischer Geschmack)²⁴이 아니었는가라고 스스로 물어보아야 할 것이다. 사람들은 진리로부터 **회화처럼 생생한**(pittoresk) 효과를 바랐고, 그와 똑같이 인식도 감각에 강력한 영향을 미치기를 요구했기 때문이다. 가장 오랫동안 인류의 감식력을 침해했던 것은 우리의 **겸손함**이었다…… 아아, 그들은 이 점을 어떻게 알아차렸던 것일까, 신을 섬기는 이 칠면조들이.

23 　찬다라(caṇḍāla)는 원래 인도(印度)의 사회 계급에 하나로, 4성 계급인 카스트 계급에도 속하지 못하는 불가촉천민을 가리킨다. 고대 인도의《마누 법전 (Manusmṛti)》에서는 이 계급이 카스트 계급의 최상층인 '브라만' 계급과, 최하층 계급인 '수드라' 계급의 사람 사이에서 태어난 후손에 의해 시작되었다고 본다. 그 후손들도 역시 찬다라로 취급받아 카스트 계급에도 속하지 못하는 천민으로 여겨졌고, 사회적으로도 천시 받아 가장 천한 일만 할 수 있었다. 니체는 여기서 '찬다라'를 경멸의 대상이라는 뜻으로 자주 사용하고 있다.

24 　칸트의 3대 비판서는《순수이성 비판》,《실천이성 비판》그리고《판단력 비판》이며, '미적 감식력'(또는 '미적 취미'라고 한다)은《판단력 비판》내의 주요한 미적 개념 정의이다. 니체는 이 정의에 대해서도 비난함으로써, 앞서 칸트의 '실천이성'과 뒤에 언급되는 '순수이성'(순수 정신)에 대한 비난과 더불어 그의 모든 비판철학을 비난하고 있다.

14

우리는 생각을 바꿨다. 우리는 모든 점에서 더 겸손해졌다. 우리는 인간성을 더 이상 '정신'이나 '신성'에서 찾지 않는다. 우리는 인간을 동물 가운데로 되돌려 놓았다. 인간은 가장 교활하다는 이유 때문에 가장 강한 동물로 통한다. 이 교활함의 연속이 인간의 정신성(精神性)이다. 다른 한편으로 우리는, 마치 인류가 동물 진화의 위대한 숨겨진 목적이라는 듯이 여기서 다시 목소리를 높이려는 허영심에 저항한다. 인간은 결코 창조의 정점이 아니다. 모든 생물은 인간과 어깨를 나란히 하며, 완전성에 있어서 인간과 동일한 단계에 있다······ 그리고 우리의 그런 주장도 사실 너무 지나친 주장이다. 비교해서 말하면 인간은 가장 실패작, 가장 병적(病的)인 동물, 자신의 본능으로부터 가장 위험스럽게 벗어나 있는 동물이다 — 물론 이 모든 것에도 불구하고 가장 흥미로운 동물이기는 하다. — 동물과 관련해서 말하자면, 데카르트 (Descartes)[25]는 존경스러울 만큼 감히 대담하게 동물을 기계(器械, machina)로 볼 수 있다고 생각한 최초의 인물이었다. 모든 생리학은 이 명제를 증명하려는 데 전념하고 있다. 데카르트가 했던 것처럼 우리 역시 논리상으로는 인간을 배제하지 않는다. 오늘날 대체로 인간에 대해서는 바로 데카르트가 기계적이라고 파

---

25   René Descartes(1596 1650): 프랑스의 철학자. 그의 유명한 철학 명제로 "Cogito ergo sum(나는 생각한다. 그러므로 나는 존재한다)"이라는 경구(警句)가 있다.

악했던 정도로 파악되고 있다. 그래도 예전에는 보다 높은 사물의 질서로부터 부여된 지참금으로 인간에게 '자유의지(自由意志, freier Wille)'가 주어졌었다. 오늘날 우리는 인간에게서 의지마저 빼앗아 버렸는데, 이제는 의지를 더 이상 하나의 능력으로 안 본다는 의미에서 그렇다. '의지'라고 하는 낡은 말은 일부는 모순되고 일부는 조화를 이루는 자극들로부터 필연적으로 따르는 일종의 개별적인 반응, 결과를 표시하는 데 쓰일 뿐이다. ― 의지는 어떤 것에 '영향을 미치지' 않으며, 더 이상 아무것도 '움직이지' 못한다…… 예전에는 인간의 의식, 즉 '정신' 속에 인간성은 한결 드높은 곳에서 내려온다는 증거, 신성하다는 증거가 있다고 보았다. 인간을 **완성**하기 위해서 그의 감관(感官)을 거북이처럼 자기 안으로 끌어들이고, 지상적(地上的)인 것과는 교섭을 끊고, 죽을 수밖에 없는 육신의 탈을 벗어버리라고 충고했다. 그런 후에 인간에게 가장 중요한 것, 즉 '순수 정신'이 남으리라는 것이었다. 이 점에 대해서도 우리는 훨씬 더 의식하고 있다. 의식의 발전, 즉 '정신(Geist)'은 우리가 보기에, 다름 아닌 유기체(有機體)가 지닌 상대적인 불완전성의 징후이고, 시도와 모색과 실수이며, 불필요하리만큼 많은 신경 에너지가 쓰이는 고역인 것이다. ― 우리는 어떤 것이 의식적이 되는 한 완전해질 수 있다고 하는 것을 부정한다. "순수 정신"이란 하나의 순수한 우매함이다. 우리가 신경계와 감관(感官), '죽을 수밖에 없는 인간의 육체'를 무시해 버린다면, 우리는 우리 자신을 오산(誤算)하고 있는 것이다 ― 그 이상 아무것도 아니다!……

15

기독교 내에서, 도덕과 종교는 현실의 어떠한 점과도 접촉하지 않는다. 순전히 공상적인 원인들('신', '영혼', '나', '정신', '자유의지' — 또는 심지어 '자유롭지 않은 의지'), 순전히 공상적인 결과들('죄', '구원', '은총', '죄의 사함')만 있을 뿐이다. 공상적인 존재들('신', '영(靈)', '영혼들'), 공상적인 **자연과학**(인간 중심적, 자연적 원인의 개념의 총체적인 결핍), 공상적 **심리학**(자기 자신에 대한 완벽한 오해, 종교 도덕적 특질을 가진 기호 언어 — '후회', '양심의 가책', '악마의 유혹', '신의 임박' 같은 것의 도움으로 쾌와 불쾌의 일반 감정 — 이를테면 **교감신경**의 상태 — 을 해석하는 것), 공상적인 **신학**('신의 왕국', '최후의 심판', '영생'). — 이러한 순전히 허**구적(虛構的)**인 세계와 꿈의 세계는 서로 구별된다. 꿈의 세계는 현실을 반영하는 반면에, 기독교는 현실을 왜곡하고, 무가치한 것으로 만들고, 부정하기 때문이다. '자연'의 개념이 '신'의 관념에 대립되는 개념으로 고안된 후로, '비난해야 할' 것을 의미하는 말로 사용되어야만 했던 것이다. — 그러나 허구적인 모든 세계는 자연적인 것(— 즉 현실! —)에 대한 증오에 그 뿌리를 두고 있으며, 현실에 대한 깊은 불쾌의 표현인 것이다…… 하지만 이것으로써 모든 것은 설명이 되었다. 현실에서 벗어나라는 거짓말을 스스로에게 할 이유가 있는 자는 대체 누구인가? 그런 자는 현실 때문에 **괴로워하는** 인간이다. 그런데 현실 때문에 괴로워한다는 것은 현실에서 **실패했다는** 것을 의미한다…… 쾌감에 맞선 불쾌감의 우세는 저 허구적인 도덕 및 허구적인 종교의 **원인**이 된다. 그

러나 그와 같은 우세가 바로 데카당스의 공식을 제공하는 것이
다……

16

기독교의 신(神) 개념을 비판해 보아도 역시 필연적으로 같은 결론
에 이르게 된다. — 대체로 스스로를 믿는 민족은 또한 자기네 고
유의 신을 지니고 있다. 이 신을 통해서 그 민족은 자신들을 번영
시켜 온 조건, 즉 자신들의 덕을 숭배한다. — 그 민족은, 스스로
자신들의 힘의 느낌을 취하는 기쁨을, 이 모든 것에 대해 감사할
수 있는 하나의 존재에게 투사(投射)한다. 부유한 자는 베풀고 싶
어 한다. 긍지에 찬 민족은 희생물을 바치기 위해 신(神)을 필요로
한다…… 이 같은 추정에서 종교가 감사의 형식이 된다. 사람들
은 스스로를 위해 감사하고 있고, 이것이 신이 필요한 이유이다.
— 이러한 신은 이로울 수도 있고 해로울 수도 있어야 하며, 친구
일 수도 있고 적이 될 수도 있어야 한다. — 사람들은 신이 선하
든 악하든 감탄한다. 신을 반(反)자연적으로 거세하여 한낱 선하기
만 한 신으로 만드는 것은 여기서는 전혀 바람직한 일이 아닐 것
이다. 사람들은 선한 신만큼이나 악한 신도 필요하다. 사실 우리
는 우리 자신의 실존(實存)을 반드시 관용이나 박애에 신세지는
것만은 아니기 때문이다…… 분노와 복수, 질투와 조소(嘲笑), 간
계와 폭행을 알지 못하는 신에게 왜 신경을 쓰는가? 승리와 파

괴의 황홀한 열정(ardeurs)조차 모르는 그런 신에게? 이런 신을 사람들은 이해하지 못할 텐데, 무엇 때문에 그런 신을 가져야 하겠는가?[26] — 물론 한 민족이 멸망해 갈 때, 미래에 대한 믿음이, 자유에 대한 그들의 희망이 돌이킬 수 없을 정도로 사라져 버렸다고 느낄 때, 복종이 가장 이로운 것이고 복종한 자의 미덕이 생존의 조건이라고 의식될 때, 그런 때에는 그들의 신도 변화하지 않을 수 없게 된다. 그러한 신은 이제 겁 많고 비굴한 자가 되어 '영혼의 평화'를 지니라고, 즉 더 이상 증오하지 않고 관용을 베풀면서 벗이건 적이건 '사랑'하라고 이르게 되는 것이다. 그러한 신은 계속해서 도덕적으로 되라고 하고, 모든 개인적인 덕(德)의 동굴로 스며들어가서 만인을 위한 신이 되고, 일개 사적이고 세계주의자(Kosmopolit)적인 신이 되기도 한다…… 예전 같으면 신은 한 민족을 대표하고, 한 민족의 강력한 힘, 한 민족의 영혼에서 나오는 공격적인 모든 것과 힘에의 갈망을 표현했었다. 지금의 신은 한낱 선한 신에 불과하다…… 결국 신들에 대해서는 다른 대안이 없다. 신들은 다음과 같은 두 가지 중의 하나다, 즉 힘에의 의지(Wille zur Macht)이든가 — 이러한 경우에 그들은 여전히 한 민족의 신들이다 — 아니면 힘에 직면하여 무기력(Ohnmacht zur

---

26   여기서 니체는 기독교에서 생각하는 것처럼 신이 인간을 만든 것이 아니라, 인간들이 자신들의 필요에 따라 신을 만들었고 그 신의 속성(屬性)도 인간의 필요에 따라서 바뀌 왔다는 생각을 간접적으로 내비치고 있다. 구체적으로는 이어 본문에서, 로마제국에게 정복된 유대민족 가운데 일부 유대교로부터 떨어져 나온 파(派)가 유대교의 여호와 신을 '신흰 신'으로 만들어 긴 과정을 묘사하고 있다.

Macht)하다. — 이러한 경우에 그 신들은 필연적으로 선량해질 것이다……

17

어떤 형태로든 힘에의 의지가 쇠퇴할 때마다 언제나 생리적인 퇴화, 즉 데카당스 또한 생기게 마련이다. 가장 남성적인 덕목과 충동이 데카당스의 신에서 제거 당할 때, 그 신은 이제 필연적으로 생리적인 발육 퇴화자들, 약자들의 신이 된다. 이들은 스스로를 약자라고 부르지 않고 '선한' 자라고 부른다…… 우리는 더 이상 어떤 암시를 받지 않아도 역사적으로 선한 신과 악한 신이라는 이분법적 허구가 언제 가능해졌는지 이해할 수 있다. 자신들의 신(神)을 '선(善) 자체'로 끌어내리려는 피정복자(被征服者)들의 본능은, 바로 그 본능을 사용하여 자신들의 정복자들의 신에 속한 선한 속성들을 말살해 버린다. 이들은 지배자들의 신을 악마로 바꿔 놓음으로써 그들에게 복수하는 것이다. — 선한 신과 악마. 이 양쪽 모두 데카당스의 썩은 산물이다. — 기독교 신학자들은 민족의 신인 '이스라엘의 신'으로부터 모든 선의 전형인 기독교의 신으로 신 개념이 옮겨간 것을 진보(進步)라고 공언하는데, 오늘날 누가 이들과 보조를 맞추며 그들의 순진한 말을 따르겠는가? — 그러나 르낭마저 그런 짓을 하고 있다. 마치 르낭

(Renan)[27] 자신에게 순진함의 권리라도 있는 듯이 말이다! 명백한 것은 그와는 정반대되는 사실이다. **상승하는** 삶의 전제 조건들인 강하고, 용감하고, 권세 있고, 긍지 있는 모든 것들이 신(神) 개념에서 제거된다면, 지친 자들을 위한 지팡이, 물에 빠진 자를 위한 구조대라는 상징 속으로 신 개념이 한 걸음씩 침몰해 가고 더할 나위 없이(par excellence) 가난한 자들의 신, 죄인들의 신, 병자들의 신이 된다면, '구세주', '구원자'라는 술어가 유일한 신의 술어 자체로 남게 된다면, 그런 종류의 변화는 우리에게 **무엇을** 말해 주는가? 신성이 그런 식으로 제한된다는 것은? — 물론, 그것으로 인해 '신의 왕국'이 커지기는 할 것이다. 예전의 신은 단지 그의 민족, 그의 '선택된' 민족밖에 가지지 못했다. 그러다가 신도 그의 민족이 그러하듯이 나라 밖으로 나가 사방을 돌아다녔다. 그때부터 신은 어디에도 가만히 눌러 있지 못했고, 마침내 도처에 본거지를 틀고 거창한 세계주의자(世界主義者)가 된 것이다. — 그리하여 마침내 '대다수 사람들'을, 지구의 절반을 자기편으로 만들었다. 그럼에도 불구하고 '대다수 사람들'의 신, 신들 가운데 민주주의자는 자부심을 지닌 이교도 신(Heidengott)은 되지 못했다. 그 신은 여전히 유대인이었고, 구석진 신, 온갖 어두운 곳의 신, 전

---

27   르낭(Ernest Renan, 1823 ~ 1892): 프랑스의 실증주의적 작가이자 종교사 학자로 자유사상을 옹호했으나, 니체와는 달리 여전히 종교적 성향은 짙었다. 그의 저서 중에는 그리스도를 한 인간으로 보고 그의 삶에서 초월적인 특성을 배제하고 역사적 관점에서 그의 삶을 묘사한 《예수전(La vie Jésus)》(1863)이 잘 알려져 있다.

세계 온갖 불건전한 구역의 신일뿐이다!…… 그의 제국은 예전과 마찬가지로 명부(冥府)의 제국, 병원, 지하(地下, souterrain) 제국, 게토(Getto)의 제국이다…… 그리고 그 신 자신도 너무나 창백하고, 너무나 허약하고, 너무나 퇴폐적(décadent)이 되었다…… 그리하여 창백한 자들 중에서도 가장 창백한 자들, 형이상학자들, 개념의 백색증(白色症) 환자들마저도 그 신을 지배할 수 있게 되었다. 그들이 그 신의 주변을 얼마나 오랫동안 그물로 휘감아 댔던지, 결국 신은 그들의 짓거리에 최면이 걸려 자기도 한 마리의 거미, 하나의 형이상학자가 되어 버렸다. 그때부터 신은 다시금 자기 자신으로부터 세계를 짜냈다 — 스피노자 식으로(sub specie Spinoza).[28] — 그때부터 신은 스스로 점점 더 희미해지고 창백하게 변하여 '이상(理想)', '순수 정신', '절대자(absolutum)', '물자체(物自體)'가 되었다…… 신의 몰락. 신이 '물자체'가 된 것이다……[29]

---

28   Baruch Spinoza(1632 ~ 1677): 네덜란드의 철학자로, 그는 유대인이면서도 무신론(無神論)적인 성향을 보였으며, 또 한편으로는 신(神)을 유대교나 기독교적 관점에 아니라 만물에 신이 깃들어 있다고 하는 범신론(汎神論)적 사상을 피력하였다.

29   '물자체(Ding an sich)'는 칸트철학의 기본 개념이다. 인간이 감각적 주관적으로 인식할 수 있는 영역에서 벗어나 그 자체로서 존재하는 사물 또는 사건으로서, 현상(現象)의 궁극적 원인이 된다고 생각되는 본체(本體)를 말한다. 그러나 니체는 칸트의 이 개념에 대해서도 신랄하게 비판하고 있다.

18

기독교의 신 개념 — 병자들의 신으로서의 신, 거미로서의 신, 정신으로서의 신 — 은 이 지상에서 생겨난 신 개념들 가운데서 가장 부패한 개념 중 하나이다. 이것은 아마 신의 유형의 하강적인 전개에 있어서 가장 낮은 수준을 표시해주는 것이다. 신의 변신과 영원한 **긍정** 대신에 삶의 **적대**로 변질된 신! 삶에 대해, 본성에 대해, 의지에 대해 적의(敵意)가 선언되고 있는 신! '지금 여기'에 대한 온갖 비방의 공식으로서의 신, '저 세상'에 대한 온갖 기만의 공식! 허무(虛無)의 신격화로서의 신, 허무에의 의지(Wille zum Nichts)의 신성화!……

19

북유럽의 강한 종족들이 기독교의 신을 거부하지 않았다는 사실은, 그들에게 취미는 말할 것도 없고 종교적 소질도 없다는 것을 보여준다. 그들은 그와 같이 병들고 노쇠한 데카당스의 괴물을 바로 처리해 버렸어야만 했었다. 그러나 그것을 제대로 처리하지 못하여 그들은 저주를 받고 있다. 그들은 병(病), 노쇠, 모순을 그들의 본능 속에 받아들였고 — 그 이후로는 더 이상 어떤 신도 만들어 내지 않았다! 거의 2천 년이 다 되어 가는데도 단 하나의 새로운 신도! 그러기는커녕 기독교적 유일신론의 가련한 신이 마치 신을 만들어 내는 에너지, 인간의 정신 창조력(creator spiritus)의 궁극점이자 극대점(ultimatum und maximum)인양, 마치 존재할 권리를 가지고 있다는 듯이 지탱하고 있다! 영(霙, 또는 無),[30] 개념과 모순이 뒤섞여 만들어진 이 퇴폐적 잡종 속에서 온갖 데카당스 본능과, 영혼의 온갖 비겁함과 피로가 용인(容忍)되고 있는 것이다!

20

나는 비록 기독교를 단죄하고 있지만, 그와 비슷한 종교로서 신도의 수가 더 많은 종교인 불교(佛教)는 부당하게 취급하고 싶지 않다. 이 두 종교는 허무주의 종교 — 데카당스의 종교 — 라는 점에서는 서로 관련이 있지만, 아주 독특한 방식에 의해 서로 구별된다. 이제 이 두 종교를 비교할 수 있게 된 것에 대하여 기독교 비판가는 인도의 학자들에게 깊이 감사하는 바이다. — 불교는 기독교보다 몇백 배나 더 현실주의적이다. — 불교는 객관적이

---

30   여기서 독일어 원문의 단어인 'Null'은 숫자 '0(霙)'을 뜻한다. 없다는 뜻의 '무(無)'로 번역할 수도 있다. 니체는 이 책의 다른 데서는 '무, 허무'의 뜻으로 독일어 단어 'nichts'를 자주 사용하고 있다. 참고로 니체의 성향을 가리켜 '허무주의자, 니힐리스트(Nihilist)'라는 말을 자주 쓰는데 혼동해서는 안 될 것이, 니체가 기독교를 가리켜 '허무'(nichts)라는 말을 쓸 때는 기독교를 퇴폐적 '허무주의'로 보아 비판하는 뜻이고, 니체를 가리켜 '허무주의자(Nihlist)'라고 할 때는, 기독교 사상이나 그 밖의 모든 현존하는 가치나 질서의 모순적 권위를 비판하고 파괴하여 새로운 가치를 창조하고자 하는 능동적 Nihlist의 의미로 쓰이고 있다.

고 냉정하게 문제를 제기하는 유산을 그 속에 지니고 있다. 불교는 수백 년 동안 하나의 철학적 운동이 지속된 이후에 등장한 것이다. 그것이 등장할 즈음에는 '신' 개념 따위는 이미 폐기되어 있었다. 불교는 역사상 단 하나의 진정한 **실증주의적인** 종교이다, 그 인식론(엄밀한 현상론 —)에 있어서도 불교는 더 이상 '죄와의 싸움'을 교설하지 않고, 대신에 현실을 인정하면서 '괴로움과의 싸움'에 대해 말한다. 불교는 도덕 개념이 지닌 자기 기만을 이미 넘어서고 있다. — 이 점에 있어서 불교는 기독교와 현격히 구별된다. 내 방식대로 말하자면, 불교는 선악의 저편(Jenseits von Gut und Böse)[31]에 서 있는 것이다. — 불교는 그것이 항상 마음에 담고 있는 두 가지 생리학적인 사실에 기초한다. **하나는** 괴로움에 대한 정교한 민감성으로 표현되는 지극히 민감한 감수성이고, **다른 하나는** 개념과 논리적 추론 과정에 지나치게 오랫동안 몰두해 와서, 개인의 본능을 훼손하면서 '비개인적인 본능'을 증진하는 효과를 갖는 과도한 정신화(Übergeisting)이다.(— 적어도 나의 독자 중에서 나처럼 '객관적인' 몇몇 사람은 경험을 통해서 알게 될 것이다.) 이러한 생리학적 조건들이 **우울증을** 발생하게 하였다. 이 증세에 대응하여 부처는 위생적인 방법을 택하였다. 그는 그러한 증세에 대응하여 야외에서의 생활, 유랑 생활을 하였으며, 식생활은 절제하고 선택적으로 음식을 취하였다. 모든 **주류(酒類)에** 대해서는 경

---

31   《선악의 서편(Jenseits von Gut und Böse)》(1886)은 니체의 또 다른 유명한 저
      서의 제목이기도 하다.

계하고, 분노를 일으키고 피를 뜨겁게 하는 모든 격정에 대해서 조심하였으며, 자신을 위해서든 타인을 위해서든 번뇌하지 않았다. 그는 평온과 명랑을 생산하는 관념에 집중하라고 권하였다. ― 그는 타인들로부터 벗어나게 해주는 방법을 강구해 냈다. 부처는 선의나 친절이 건강을 증진시켜 주는 것으로 이해하였다. 기도는 금욕과 마찬가지로 배척하였다. 정언적 명령 같은 것은 없으며, 심지어 승원 내부에서조차 어떠한 강제도 없다. (― 누구든 원하면 다시 환속할 수 있다 ―). 이런 모든 강제는 이미 지나친 민감성을 악화시킬 수 있기 때문이다. 바로 그런 이유 때문에 그는 이교를 궤멸시키려 하지 않는다. 그의 가르침은 오로지 복수심, 반감, 원한을 갖지 않도록 하는 것이다(― "적대감은 적대감을 통해서는 종식되지 않는다"는 것이야말로, 불교 전체에서 울리는 감동적인 후렴구인 것이다……). 그리고 그런 감정들은 중요한 양생법(養生法)에 비춰 볼 때 끔찍이도 불건강한 감정들이다. 부처는 지나친 '객관성'(개인적인 사리사욕의 약화, 중심의 상실, '자기중심주의'의 상실)으로 표현되는 정신적 권태를 알아차리고 있으며, 그는 최고의 정신적인 관심사조차 개인의 일로 환원시킴으로써 이것을 방지하기 위해 싸우고 있다. 부처의 가르침에는 자기중심주의(自己中心主義)가 하나의 의무이다. '필요한 한 가지', 즉 "그대는 어떻게 괴로움을 제거할까"라는 문제가 정신적인 식습관 전체를 규정하고 제한한다. (― 마찬가지로 순수한 '학문성'에 맞서 싸웠던 어떤 아테네인, 즉 개인적인 자기중심주의를 윤리로, 심지어 문제의 영역으로까지 승격시켰던 소크라테스를 아마 사람들은 상기할 수 있으리라.)

21

불교의 전제 조건은 매우 온화한 풍토, 극단적으로 온유하고 자유로운 관습, 군국주의의 완전한 부재, 그리고 그 운동에 집중하는 높은, 심지어 학식을 갖춘 계급이었다. 최고의 목표는 명랑성, 평정, 무욕(無慾)이고, 이 목표는 **도달된다.** 불교는 사람들이 단순히 완전성만을 열망하는 종교가 아니다. 완전함이란 정상적인 경우이니까. —

기독교에서는 피정복자들과 압박받는 자들의 본능이 전면에 등장한다. 기독교 안에서 구원을 얻으려 하는 자들은 가장 낮은 계급의 사람들이다. 이 종교에서는 권태에 맞서는 일, 권태를 물리치는 수단으로서 죄의 결의론(Casuistik)[32]과 자기비판, 그리고 양심에 대한 심문(審問)이 행해진다. 여기서는 '신'이라 불리는 하나의 **거대한 힘**에 의해 고무된 감동이 (기도를 통해서) 지속적으로 교화되었다. 이 종교에서는 최고의 것은 도달할 수 없는 것으로, 선물로, '은총'으로만 간주된다. 여기에서는 또한 공개성(公開性)도 결여되어 있다. 은신처와 어두운 공간이 기독교적인 것이다. 이 종교에서는 육신도 경멸의 대상이다. 위생은 심미적인 것이라고 거부당한다. 교회는 심지어 청결함조차 거부한다(— 기독

---

32   결의론(決疑論, Casuistik)은 개개의 도덕적인 문제를 법률 조문식으로 규정한 도덕법에 의해 해결하는 방법으로, 일단 그에 관한 규정이 정해지면 그 규정에 위반되시만 않는 한은 양심에 서슬리지 않는 것으로 간수되므로 그 규정을 지키는 것에 얽매이게 된다.

교가 무어인들[33]을 추방한 뒤에 맨 먼저 취한 조치는 코르도바(Cordova)에 있는 270개소의 공중목욕탕들을 폐쇄한 일이었다). 어떤 의미에서는 자기 자신과 타인에 대하여 잔인한 것이 기독교적인 것이다. 이교에 대한 증오와 박해하려는 의지도 기독교적인 것이다. 음산하고 선동적인 생각들이 전면에 등장하고, 그들이 가장 열망하고 최고의 이름으로 칭송하는 상태는 바로 간질병적인 상태이다. 섭생법(攝生法)도 병적인 상태를 조장하고 신경을 과도하게 자극하도록 채택되고 있다. 기독교적인 것이란 지상(地上)의 지배자들인 '고귀한 자'들에 대한 깊은 적개심이며 — 동시에 그들에 대해 은밀하게 감추고 있는 경쟁심인 것이다. (— 즉 고귀한 자들에게는 '육신'만 허용되어 있지만, 자신들이 갈구하는 것은 오직 '영혼'뿐이라는 식이다.) 정신, 긍지, 용기, 자유, 정신의 **자유사상**을 증오하는 것이 기독교적인 것이다. 관능에 대한 증오, 관능의 즐거움에 대한 증오, 즐거움 일반에 대한 증오가 기독교적인 것이다……

22

그러한 기독교가 그 본래의 기반, 최하층 계급, 즉 고대의 **밑바닥**

---

33 무어인(Mauren): 중세에 스페인 지역에 침입하여 다스린 민족으로 이슬람교를 믿었으며, 그 때문에 나중에 기독교도인 스페인 사람들에 추방되었다. 그들의 남긴 유산으로 스페인의 그라나다에 있는 '알함브라(Alhambra) 궁전'이 유명하다.

세계를 떠나 권력을 찾아 야만(野蠻) 민족들에게로 나아갔을 때, 기독교는 지쳐 있는 인간을 상정하기를 멈추고, 스스로를 괴롭히고 내면적으로 음산한 ― 강하나 실패작인 인간을 상정하기 시작했다. 여기에서는 자기 자신에 대한 불만, 자기 자신 때문에 겪는 고통이 불교도들의 경우처럼 극도의 민감성이나 괴로움에 대한 감수성으로 인해 생기는 것이 아니라, 오히려 거꾸로 고통을 주려는 욕망, 내면적인 긴장을 적대적인 생각들과 행위로 방출하려는 강한 욕망 때문에 생긴다. 기독교는 야만인들을 지배하기 위해서 야만적인 개념과 가치, 즉 장자(長子)의 희생, 성찬식에서 피를 마심, 정신과 문화의 경멸, 육체적인 것과 비육체적인 것을 막론하고 온갖 형태의 고문, 아주 화려한 예배 의식의 도입이 필요했던 것이다. 불교는 성숙한 사람을 위한 종교, 괴로움에 너무 민감하고 어느 정도 지나치게 정신적이 되어 버린 온화한 종족을 위한 종교이다(― 유럽은 불교를 받아들일 정도로 성숙하려면 아직도 멀었다 ―). 불교는 이런 종족들을 평온함과 명랑함의 상태로 복귀시키며, 정신적인 섭생(攝生)으로, 특정한 육체적인 단련으로 인도한다. 기독교는 맹수 같은 자들을 지배하고 싶어 한다. 바로 그런 방법이 그들을 병들게 하는 것이다. ― 약화시키는 것은 '문명(文明)'을 위해 길들이기 위한 기독교적 처방전이다. 불교는 문명의 탈진과 종결을 위한 종교이지만, 기독교는 아직 문명 근처에조차 가지 못했다. ― 그렇지만 기독교는 경우에 따라서는 문명을 위한 토대가 된다.

23

다시 한 번 말하지만 불교는 몇백배나 더 냉정하고, 더 진실하고, 더 객관적이다. 그 종교는 자신의 괴로움, 그것을 죄라고 해석함으로써 괴로움에 대한 민감성을 **고상한 것으로** 만들어야 할 필요성이 더 이상 없었다, — 불교는 자신의 생각을 말할 뿐이다, 즉 '나는 괴롭다.' 반면에 야만인에게는 괴로움 그 자체는 바람직하지 않은 것이다. 그는 괴롭다는 **사실**(그의 본능은 그에게 오히려 괴로움을 겪고 있다는 사실을 부정하고, 그것을 묵묵히 감내하라고 지시한다)을 자신에게 시인하기 위해서는 먼저 어떤 해석이 필요하다. 여기서는 '악마'라는 말이 한 축을 담당한다. 사람들은 이제 자신들로서는 이겨낼 수 없는 무서운 적을 하나 갖게 되었으니 말이다. — 사람들은 그와 같은 적으로부터 괴로움을 당하는 것을 부끄러워할 필요가 없게 되었다. —

기독교는 그 바탕에 어느 정도 동양적인 섬세한 면을 지니고 있다. 무엇보다 기독교는 어떤 것이 진실인지 아닌지는 아무 상관이 없으며 진실이라고 믿어지는 한 그것이 가장 중요하다고 알고 있다. 진실과 어떤 것이 진실이라는 **믿음**, 이 두 가지는 전혀 종류가 다른 관심사들이고 거의 **정반대** 세계인 것이다. — 이 두 세계에 도달하는 길은 근본적으로 서로 다르다. 그것을 아는 것 — 바로 이것이 동양에서는 거의 현자(賢者)가 되게 **만든다**. 브라만들

³⁴도 이것을 이해했고, 플라톤도 이것을 이해했고, 비교적(秘教的)인 지혜를 배우는 모든 학도들도 이것을 이해했다. 이를테면, 죄로부터의 구원이라는 신념에 의해 형성된 행복을 이해하기 위해서는 사람이 죄를 지었다고 상정할 필요가 없다 ─ 사람이 죄를 지었다고 느끼는 것을 단지 상정하기만 하면 된다. 그러나 무엇보다도 믿음이 필요한 경우에 이성, 인식, 탐구는 나쁜 것으로 치부될 수밖에 없다, 진리로 향하는 길은 금지된 길이 되는 것이다. ─ 강력한 희망은 실제로 실현되는 어떤 개별적인 행복보다도 삶에 훨씬 더 강력한 자극제이다. 괴로움을 겪는 자들은 어떠한 현실로도 논박될 수 없는 희망에 의해 지탱되어야 한다, ─ 그것은 어떤 실현에 의해서 결코 제거될 수 없다, 피안(彼岸)에 대한 희망. (불행한 자들을 바로 이런 식으로 붙잡아 두는 능력 때문에, 그리스인들은 희망이라는 것을 악 중의 악, 그야말로 악의적(惡意的)인 악으로 간주했었다. 그래서 그것을 악의 상자³⁵ 속에 계속 남겨 두었던 것이다). ─ 왜냐하면 사랑이 가능하려면 신은 인격(人格)이어야만 하기 때문이다. 가장 낮은 본능들도 함께 목소리를 내려면 신은 젊어야 한다. 여자들의 열정을 만족시키려면 잘 생긴 성자(聖者)를, 남자들의 열정을 만족시키려면 마리아(Maria)를 전면에 내세우지 않을 수 없었다.

---

34   브라만(Brahmanen): 고대 인도의 카스트 제도에서 브라만교의 최고 사제 (司祭) 계급을 일컬으며, 오늘날에도 여전히 존속되고 있는 그 제도에서 최상위 계층을 차지하고 있다.

35   그리스 신화에서 제우스신이 모든 재앙을 넣어 열어보지 못하도록 깊이 놓았던 '판도라의 상자'를 가리킨다.

이것은 아프로디테나 아도니스(Adonis)[36]의 숭배가 이미 숭배의 개념을 규정한 기반 위에서 기독교가 지배하기를 원하는 전제하에서 행해진 것이다. 순결에 대한 요구는 종교적 본능의 격렬함과 내면성을 강화시킨다. — 그것은 예배를 한층 뜨겁고, 한층 열광적이고, 한층 영적(靈的)으로 만든다. — **사랑**이란, 인간으로 하여금 어떤 것을 실제와는 **다르게** 보도록 만드는 상태이다. 거기에서는 환상을 만들어 내는 힘이 최고조에 이르며, 달콤하게 하거나 **변모시키는** 힘도 역시 마찬가지다. 사람들은 어느 때보다 사랑에 빠져 있을 때 더 잘 참아 내고 모든 것을 인내한다. 그러므로 중요한 것은 사람이 사랑을 할 수 있는 종교를 고안해내는 일이었다. 사람들은 살아가면서 주어지는 최악의 것도 극복하고 — 심지어 그런 것은 더 이상 눈에 보이지도 않게 되기 때문이다. — 기독교의 세 가지 덕목인 믿음, 사랑, 소망[37]에 대해서는 이쯤 말해 두기로 하자. 나는 이것들을 가리켜 기독교의 세 가지 **영리함**(Klugheiten)이라고 부르겠다. — 불교는 이런 식으로 영리하기에는 너무나 성숙하였고 너무나 실증주의적이었다.

---

36   아프로디테는 그리스신화에서 사랑과 미(美)의 여신이다. 아도니스는 아프로디테의 사랑을 받았던 미소년(美少年)의 이름이다. 그러나 'Adonis'는 원래 셈족인 페니키아인의 말 'adoni'에서 유래하며 '신(神)' 또는 '왕(王)'(my lord)이라는 뜻이었다. 기원전 6세기경에 그리스 세계에 알려져 그리스신화에 편입된 것으로 보아, 아마 이 신화 속에 당시 셈족의 종교 문화가 일부 흘러 들어간 것으로 추측된다.

37   사도 바울의 설교 가운데 언급되는 핵심적인 개념들로,《신약성경》'고린도 전서' 13장 13절에 나온다.

여기서 나는 기독교의 기원에 대한 문제만을 언급하겠다. 그 문제를 해결하기 위한 첫 번째 명제는 기독교는 그것이 자라난 토양 위에서만 이해될 수 있다는 것이다. ― 기독교는 유대교의 본능에 맞서 일어난 운동이 아니라, 사실은 자신의 자연스러운 결과이고, 자신의 공포감을 조장하는 논리가 진전되어 생겨난 결말이다. 구세주의 공식에서 보면, "구원은 유대인에게서 나온다"[38]는 것이었다. ― 그 다음 두 번째 명제는 다음과 같다. 갈릴리 인의 심리적 유형은 여전히 인식될 수 있지만, 그 유형은 (이방적인 특성으로 가득 차고 훼손되어 ―) 완전히 퇴화함을 상정해야만 비로소 그것이 인류의 구원자로서 사용될 수 있었다. ―

유대인은 세계 역사상 가장 유별난 민족이다. 왜냐하면 그들은 존재와 비존재의 문제에 부딪쳤을 때 그야말로 섬뜩한 확신을 가지고, 어떤 대가를 치르더라도 존재를 선택했기 때문이다. 그들이 치른 대가는 모든 자연, 모든 자연성(自然性), 모든 현실성, 외부 세계뿐만 아니라 내부 세계 전체에 대한 극단적인 왜곡이었다. 그들은 지금까지 한 민족의 삶을 영위할 수 있게 해주었고 또 영위하도록 허용했던 모든 조건들과 거리를 두었으며, 자연적 조건들과 반대되는 개념을 스스로 만들어 냈다. ― 그들은 종교, 종교적 예배, 도덕, 역사, 심리학을 돌이킬 수 없는 방식으로 서서

---

38   《신약성경》'요한복음' 4장 22절에 나오는 말이다.

히 그것들이 지닌 **자연적 가치와 반대되는 것**으로 뒤집어 버렸다. 우리는 그와 동일한 현상과 또 한 번 맞닥뜨리게 되는데, 그것은 이루 말할 수 없는 엄청난 비율로 확대되어 있음에도 불구하고 사실 복제된 상태에 지나지 않는다. — 즉 기독교 교회에는 '성자들의 민족'[39]과 달리 독창성을 주장할 권리가 결여되었다. 바로 그런 이유로 인해 유대인은 세계에서 가장 **불운한** 민족이 되었다. 유대인이 미친 영향의 여파가 인류를 얼마나 기만해 왔던지, 오늘날 기독교도조차 유대교의 궁극적인 결론이라는 사실을 인식하지 못한 채 스스로를 반(反)유대교라고 생각하고 있는 것이다.

나의 《도덕의 계보학(系譜學)》[40]에서 나는 고결한 도덕과 원한의 도덕이라는 상반된 개념을 처음으로 심리학적으로 소개하였다. 후자는 전자를 **부정(否定)**함으로써 발생하는 것인데, 이는 전적으로 유대적-기독교적인 도덕이다. 원한의 본능은 삶의 **상승** 운동 — 성공, 힘, 아름다움, 자기 긍정 — 을 나타내는 모든 것을 지상에서 부정한다. 그러기 위해서는 그러한 본능이 삶의 **긍정**을 악으로, 본질적으로 비난받을 만한 것으로 보는 또 하나의 세계를 고안해내야 한다. 심리학적으로 고찰 해보면 유대 민족은 가

---

39   여기서 '성자(聖者)들의 민족(Volk der Heiligen)'이란 유대 민족을 가리킨다. 니체는 아마 고대 유대교에서 예레미야, 다니엘 등 선지자(先知者)들이 여럿 등장한 것을 염두에 두고 이런 표현을 쓴 것 같다.

40   《도덕의 계보학(系譜學)(Genealogie der Moral)》(1887)은 니체의 또 다른 저서의 제목이다.

장 질긴 생명력을 가진 민족이라 할 수 있다. 불가항력적인 악조건에 처했을 때 모든 데카당스 본능의 편을 들었고, 자기보존의 가장 심층적 기지를 발휘하여 기꺼이, — 그런 본능들에 지배당해서가 아니라, 오히려 '세계'와 맞서 이겨낼 수 있는 힘이 이 본능들 안에 있다는 것을 간파했기 때문이다. 유대 민족은 어떤 데카당스와도 반대였다. 그런데도 그들은 착각을 일으킬 정도로 데카당스들처럼 연출해야만 했다. 그들은 아주 탁월한 배우의 천재성을 발휘하여 모든 데카당스 운동에 스스로 앞장서서(— 바울의 기독교가 그랬던 것처럼 —), 삶을 긍정하는 어떤 것보다 더욱 강력한 것을 만들어 내는 법을 알고 있었다. 데카당스는 유대교와 기독교를 통해 힘을 쟁취하려는 성직자 같은 유형의 인간에게는 한갓 수단에 지나지 않는다. 이런 종류의 인간이 삶에 대해서 갖고 있는 관심이란 인류를 병들게 하고, '선'과 '악', '진실'과 '허위'라는 개념들의 의미를 뒤틀어서 삶을 위태롭게 만들고, 세상을 비방하는 것이다.

25

이스라엘의 역사는 자연적 가치를 모두 **탈자연화(脫自然化)**한 전형적인 역사로서 대단하다. 나는 여기서 다섯 가지 사실을 지적

해 보겠다. 본래, 특히 왕조시대(王朝時代)[41]에, 이스라엘은 모든 것과 올바른, 다시 말해 자연적인 관계를 맺고 있었다. 그들의 야훼(Javeh, 여호와)는 힘에 대한 의식의 표현이었고, 즐거움 자체에 대한 표현이었으며, 그들 자신에 대한 희망의 표현이었다. 야훼는 이스라엘인들에게 승리와 구원을 허락하였고, 자연이 이스라엘인들에게 필요한 것 ─ 특히 비를 내려 주리라는 것을 믿었다. 야훼는 이스라엘의 신이며 따라서 정의의 신이었다. 힘을 휘두르고 있고 그것에 대해 좋은 양심을 갖고 있는 모든 민족의 논리 대로였다. 한 민족의 자기 긍정의 두 가지 측면은 축제 의식에서 표현된다. 즉 그들은 자기 민족을 현재의 위치로 드높여 준 위대한 운명에 대해 감사하며, 계절의 변화에 대해, 그리고 목축과 농경에서 얻는 모든 축복에 대해 감사를 드린다. ─ 이러한 상태는 내부적으로 무정부 상태와 외부적으로 앗시리아인에 침입에 의해 그 상태가 비극적으로 끝장나 버린 후에도 오랫동안 이상적인 것으로 남아 있었다. 그러나 그 민족은 최상위의 소망을 살아남게 했다. 훌륭한 군인이기도 하고 엄격한 심판관이기도 한 왕에 대한 환상이 그것이었다. 누구보다도 전형적인 예언자(그 시대의 비판가이자 풍자가)인 이사야가 그랬다. ─ 그러나 어떤 소망도 이루어지지 않았다. 늙은 신[42]은 그가 과거에 할 수 있었던 일을 더 이

---

41   《구약성경》의 '열왕기(列王記)'에는 유대 민족을 다스린 왕들의 삶과 통치에 대하여 기록되어 있다.

42   '신약(新約)'에 대조되는 '구약(舊約)'의 신, 즉《구약성경》에 등장하는 신 야훼(여호와)를 말한다.

상 전혀 할 수 없었다. 사람들은 그 신을 차라리 버려야만 했다. 그러나 무슨 일이 일어났는가? 그 신의 개념이 **바뀌지고** 말았다. — 신의 개념이 탈자연화된 것이다. 이러한 대가를 치르면서도 그들은 그 신에게 줄곧 매달렸다. — '정의의 신'이었던 야훼 — 그는 더 이상 이스라엘과 하나가 아니었고, 더 이상 민족적 자신감의 표현도 아니었다. 단지 조건에 의해 제약된 하나의 신일뿐이었다……그 신 개념은 이제 사제 선동가들의 손아귀에서 놀아나는 도구가 되어 버렸다. 이들은 이제부터는 모든 행복을 보상으로, 모든 불행을 신에게 불복종한 벌로, '죄'에 대한 벌로 해석해 냈다. 이것이 바로 '원인'과 '결과'라는 자연 개념을 영원히 뒤집어 버린, 이른바 "도덕적 세계 질서"라는 가장 기만적인 해석 방식이다. 보상과 벌이라는 개념을 사용하여 자연적인 인과관계(因果關係)를 세상에서 없애 버리고 나면, 이제 **반자연적인** 인과관계가 필요하게 된다. 이제는 그 밖의 모든 비자연성이 그 뒤를 따르게 된다. 도움과 충고를 주고 근본적으로 용기와 자기 신뢰를 불어넣어 주는 모든 행복한 영감의 대명사인 신 대신에 — **요구하는** 신이 들어서게 된 것이다…… **도덕**, 그것은 더 이상 한 민족의 생존 조건과 성장 조건을 표현하는 것도 아니고, 더 이상 그 민족의 가장 심층적인 삶의 본능도 아니며, 오히려 그것은 추상적인 것이 되고 삶의 반대물이 되어 버렸다. — 상상력을 근본적으로 약화시키는 것으로서의 도덕, 만사에 대하여 '악의적인 시선'으로 바라보는 도덕이 되어 버렸다. 유대적인 도덕이란 무엇이고 기독교적인 도덕이란 무엇인가? 우연에서 무죄의 순수함을 빼앗고, 행복이 '죄'

라는 개념으로 더럽혀지고, 잘사는 것이 위험하고 '유혹적인 것'으로서 보이게 된 것, 생리적인 질병이 양심이라는 벌레에 물려 독에 감염되고 말았다……

26

신의 개념이 위조되었다. 도덕의 개념이 위조되어 버렸다. — 유대의 사제들은 여기에 그치지 않았다. 이스라엘의 전체 역사는 그들에게는 필요 없는 것이 되었다. 그것을 없애 버리는 편이 나았던 것이다! — 이들 사제들은 위조의 기적을 잘도 만들어 냈고, 그것의 기록은 성경의 상당 부분이 되어 우리 앞에 놓여 있다. 그들은 모든 전승과 역사적 현실을 더할 나위 없이 경멸하고 자기네 민족의 과거를 종교로 바꿔 버렸다. 다시 말해 그것을 야훼와 처벌 이전의 죄책감, 야훼와 보상에 대한 경건함이라는 어리석은 구원의 도구로 만들어 버린 것이다. 이것은 이제껏 일어난 역사 왜곡 행위 중에서 가장 수치스러운 행위였고, 만약 수천 년간의 교회의 역사 해석으로 인해 역사에서 정의를 요구하는 데 벌써 무감각해지지 않았더라면, 우리는 이 치욕스러운 왜곡 행위를 훨씬 더 고통스럽게 절감할 수 있었을 것이다. 그런데 철학자들이 교회를 거들고 나섰다. "도덕적 세계 질서"라는 거짓말이 철학의 전개 과정 전체에, 심지어 근래의 철학에 두루 스며 있을 정도다. "도덕적 세계 질서"라는 것은 도대체 무슨 의미인가? 인간이 해야 할 것과 해서는 안 되는 것과 관련하여 — 영원히 — 신의 뜻이 존재한다는 것이다. 한 민족의, 한 개인의 가치는 얼마나 많이 또는 적게 신의 뜻에 복종했는지에 따라 측정된다는 것이다. 신의 뜻이 한 민족과 한 개인의 운명에서 **지배적인 것이** 된다는 것인데, 그건 복종의 정도에 따라 그들을 처벌하고 보상한다는 것이다. 이러한 측은한 거짓말 뒤에 있는 **실상**은 다음과 같다. 모든 건강한 삶의 형태를 희생하여 번성하는 기생충 같은 인간인 사제가 신의 이름을 오용하고 있다. 사제는 모든 일의 가치를 결정할 수 있는 상태를 일컬어 "신의 나라"라고 부른다. 또 그런 상태에 도달하고 그것을 유지시킬 수 있는 수단을 일컬어 "신의 뜻"이라고 부른다. 또 그는 차가운 냉소주의적 태도로, 민족들과 시대와 개인들이 자기네 사제들이 지배하는 상황에 유용한지 아니면 거슬리는지에 따라 그들을 평가한다. 그들이 해 온 짓을 보라. 유대 민족 사제들의 손아귀에서 이스라엘 역사의 위대했던 시대는 쇠퇴의 시대로 바뀌어 버렸다. 오랫동안 고난의 시기였던 바빌론 유폐(Exil)[43]의 시기는 — 사제가 아직 아무것도 아니었던 시대 — 즉 저 위대한 시대에 대한 영원한 **형벌**로 뒤바뀌어 버렸다…… 사제들은 이스라엘의 역사에서 강력하고 아주 **자유로운** 성향을 지닌 인물들을 필요에 따라서는 가련하고 비굴한 위선자

---

43   '바빌론 유폐'는 역사에서 신바빌로니아 왕국을 건설한 느부갓네살 2세(재위: 기원전 604 ~ 기원전 562)가 이스라엘을 공격한 뒤에 유다와 예루살렘 주민의 다수를 수도 바빌론(Babylon)으로 강제 이주시킨 사건을 말한다. 시기는 대략 기원전 597 ~ 기원전 515년까지에 해당된다.

나 '신을 모르는 사람들'로 만들어 버렸다. 그들은 위대한 사건마다 '신에 대한 복종 또는 불복종'이라는 바보 같은 공식으로 단순화시켜 버렸다. — 한 걸음 더 나아가, '신의 뜻', 즉 사제의 손 안에 권력을 보존하는 조건들이 사람들에게 알려질 필요가 있자 — 이것을 '계시(啓示, Offenbarung)'라 불렀다. 쉽게 말해서 엄청난 문헌의 위조가 필요했고, '성경'이라는 것이 발견되었다. — 그리하여 성경은 '오랜 세월 동안 죄'에 대한 회개의 날과 비탄의 절규를 첨부하고 사제들의 온갖 현란한 말들을 첨가해서 공포된다. "신의 뜻"은 오랫동안 확고히 세워져 있었고, 모든 불행은 사람들이 '성경'으로부터 멀어진 데에 있다는 것이다…… 그리고 "신의 뜻"은 이미 모세(Moses)에게 계시되었다는 것이다…… 무슨 일이 벌어진 것일까? 사제는 엄격하고 지나친 공식화로, 사람들이 그에게 바쳐야 했던 많고 적은 세금들에 이르기까지(— 고기의 가장 맛있는 부위를 잊어서는 안 된다. 사제는 등심을 좋아하니까), 자기가 갖고 싶은 것을, 즉 '신의 뜻이 무엇인지'를 영구히 공식화해 버렸다…… 그때부터 어디서나 사제가 없어서는 안 되도록 삶에서 매사가 그렇게 정해지고 말았다. 성스러운 기생충은 삶의 자연적인 일들에서, 희생('식사 시간')은 말할 것도 없고 출생, 결혼, 병, 임종 때도 등장해서 그 모든 것을 탈자연화한다. 사제 자신의 말로는 그것들을 "성스럽게 한다"…… 따라서 사람들은 한 가지를 간파해야 한다. 모든 자연적 관습, 모든 자연적 제도(국가, 사법 질서, 결혼, 병자와 약자를 돌봄), 삶의 본능이 고취시키는 모든 요구들, 요컨대 그 자체로서 가치를 지닌 모든 것이 사제의 기생주의(寄生主

義)(또는 "도덕적 세계 질서")에 의해 근본적으로 가치를 상실하고 가치에 **적대적**이 된다. 이런 일들은 추후의 인가가 필요하게 된다. — 그런 것들이 지닌 자연성(自然性)을 부정하고 바로 그렇기 때문에 어떤 가치를 창조 해내고, **가치를 부여하는** 권력이 필요해지는 것이다…… 사제는 자연을 평가 절하하고 **탈신성화(脫神聖化)**한다. 이러한 대가를 치러야만 사제는 존재한다. — 신에 대한, 다시 말해 사제에 대한, '율법'에 대한 불복종은 이제 '죄'라는 이름을 얻게 된다. 다시금 '너 자신을 신과 화해하는' 수단들은 뻔한 일이지만, 사제들에 대한 복종을 더욱 철저하게 보장해 준다. 오직 사제만이 '구원해 주는' 존재가 되는 것이다…… 심리학적으로 고찰하면, 사제들이 조직되어 있는 사회는 어디서든 '죄'가 필수불가결한 것이다. 죄가 권력의 실질적인 집행자이고, 사제는 죄에 의존해서 살며 '죄를 범하는' 일을 필요로 하게 된다…… 그들의 지상(至上) 명제는 "신은 회개하는 자를 용서한다"는 것이다. — 쉽게 말하면 **사제에게 복종하는** 자를 용서한다는 것이다. —

27

기독교는 이런 종류의 왜곡된 토양에서 자라났는데, 거기서는 모든 자연, 모든 자연적 가치, 모든 **현실성**이 지배 계급의 가장 심층적인 본능에 거슬렸다. 따라서 기독교는 지금껏 유례가 없을 정도로 끔찍하게 현실성에 대적(對敵)하는 형식을 띠었다. '신성한 민족'이 만사에 대해 오직 사제적 가치, 오직 사제적 언어만을 남겨 두었다. 공포심을 불러일으킬 정도로 논리적으로 일관되게 지상(地上)의 다른 힘 있는 모든 것을 가리켜 '신성하지 않다'거나, '세속'이라거나, '죄악'이라 부르며 자신들과 분리시켰다. 이제 그 민족은 자기네 본능에 맞게, 자기 부정(否定)에 이를 정도로 논리적인 최후의 공식을 하나 만들어 냈다. 기독교가 된 그 민족은 마지막으로 남은 현실성의 형식, 즉 '성스러운 민족', '선택된 민족'이라는 유대적 현실성마저도 부정해 버렸다. 가장 좋은 예는 다음과 같다. 그것은 바로 나사렛 예수라는 이름으로 명명(命名)된 조그마한 반란적 운동도 역시 또 하나의 유대적 본능이었다는 사실이다. — 달리 말하면 현실로서의 사제를 더 이상 견디지 못하겠다는 사제 본능이고, 훨씬 더 추상적인 존재 형식을 발명해 낸 것이고, 교회 조직에 의해 정해진 세계상보다 더 비현실적인 세계상을 발명해낸 것이다. 기독교는 교회를 부정하고 있는 것이다……

예수가 일으켰다고 이해되거나 오해된 이 반역이 — 유대 교회(오늘날 우리가 이해하는 의미의 바로 그 교회)에 대한 대항이 아니었다면, 과연 무엇에 대항한 반역이었는지 모르겠다. 그것은 '선한 자들과 정의로운 자들'에 대항한 반역이었고, '이스라엘의 성자들'에 대항한 반역이었으며, 사회의 위계질서에 대항한 반역이었다 — 그것의 부패에 대항한 것이 아니라 계급과 특권, 질서와 형식에 대항한 반역이었다. 그것은 '고위층'에 대한 불신이었고, 사제와 신학자였던 사람들 모두에 대한 **부정**이었다. 그러나 (아무리 일시적이지만) 문제시되었던 그 위계질서는 '홍수'의 한가운데서 유대 민족을 계속 살아남게 해 준 방주였으며, 살아남기 위해 힘들게 획득한 마지막 가능성, 즉 그 민족의 독립적인 정치적 생존의 잔여물이었다. 이것에 대한 공격은 가장 심층적인 본능에 대한 공격, 지상에서 존재했던 민족에게 있었던 악착같은 삶의 의지에 대한 공격이었다. 하층민과 배척당한 자, '죄인들', 유대교 내부의 찬다라들을 선동하여 지배 질서에 저항하도록 소리쳤던 이 거룩한 무정부주의자 ─ 복음서를 믿어도 된다면, 오늘날에조차 시베리아로 유형(流刑) 당할 만한 말을 한 ─ 그는 터무니없이 비정치적인 사회에서 정치범이란 것이 있을 수 있다면 하나의 정치범이었다. 바로 이것이 그를 십자가형으로 몰고 갔다. 이것에 대한 증거는 십자가 위에 붙여 놓았던 팻말[44]이다. 그는 자신의 죄 때문에 죽은 것이다 ─ 그가 다른 사람들의 죄를 대신해서 죽었다는 것은, 아무리 그것을 사람들이 자주 주장하더라도 전혀 근거가 없는 말이다. ─

28

예수가 그런 반대를 의식하고 있었는지 ─ 아니면 그가 단지 그

---

44   이것은 예수를 십자가 위에 못 박을 때, 그의 머리 위에 붙여 놓은 팻말로, 거기에는 라틴어 두문자어로 INRI(라틴어: IESVS · NAZARENVS · REX · IVDÆORVM, 또: "유대인들의 임금, 나사렛 사람 예수")라고 쓰여 있었다. 이에 대해서는 《신약성경》 '마태복음' 27장 37절, '요한복음' 19장 19절 등에 기록되어 있다.

런 반대를 표현하는 존재로 보이는지의 여부는 전혀 다른 문제이다. 그리고 이 대목에서 나는 비로소 구세주의 심리학적 문제를 다루고자 한다. ― 솔직히 고백하자면 나는 복음서만큼 읽기 힘들었던 책은 몇 안 된다. 힘들기는 했어도 독일 정신의 학문적 호기심에 의해 증명되어 잊지 못할 승리를 거두었던 그런 힘든 것들과는 다르다. 지금은 아주 먼 옛날 일이지만, 나도 다른 젊은 학자들처럼 세련된 문헌학자의 빈틈없고 완만한 노력으로, 비할 바 없는 슈트라우스(Strauss)[45]의 저작을 음미했었다. 그 당시 나는 스무 살이었다. 지금의 나는 그러기에는 너무나 진지하다. '전승'에 있는 갖가지 모순점들이 지금의 나와 무슨 상관이 있는가? 게다가 성자의 전설 같은 것을 어떻게 '전승'이라고 부를 수 있겠는가! 성자들의 이야기라는 것들은 애매하기 짝이 없는 문학이다. 그 밖에 원전이 남아 있지 않은 상황에서 거기에다 과학적 방법을 사용한다는 것은 내게는 처음부터 부질없는 것으로 보인다 ― 그저 학자들의 한가로운 소일거리라고 할까……

---

45   David Strauss(1808 ~ 1874): 독일의 프로테스탄트 철학자이자 신학자였다. 그는 젊은 시절에 수습 목사가 되었고 대학 강단에 섰으며, 저서인《비평적으로 검증한 예수의 생애(Das Leben Jesu Kritisch bearbeitet)》(2권, 1835 ~ 1836)을 출간했다. 여기에서 그는 복음서(福音書)의 역사적 가치와 복음서의 초자연적 주장을 부인하고, 거기에 나타나는 초자연적인 기록들은 서기 2세기에 복음서의 저자들이 창작해 낸 전설이라고 말했다. 그러자 그의 주장은 당시 독일 사회에 큰 논쟁을 불러 일으켰고 그는 결국 1839년에 교수직을 박탈당했다. 니체는 그의 저서《반시대적 고찰(Unzeitgemäße Betrachtungen)》(1873 ~ 1876))의 첫 부분 '고백자이자 작가 다비드 슈트라우스'에서 그를 다루면서 비판하고 있다.

29

나의 관심을 끄는 것은 구세주의 심리학적 유형이다. 결국 복음서는, 아무리 훼손되거나 이방적인 특징들로 넘쳐나 있더라도, 무심코 그 지점과 관련하여 정보를 제공할 수 있다. 앗시시(Assisi)의 성 프란체스코(Franciscus)[46]의 심리학이 그의 전설에 무심코 보존되어 있는 것처럼 말이다. 여기서 문제는 그가 행한 일, 그가 말한 것, 또는 그가 어떻게 죽었는가에 대한 사실이 아니라 오히려 다음 질문이다. 우리가 그의 유형을 더 상상할 수 있는가? 그것이 '전승(傳承)'되었나? ― 복음서를 심지어 '영혼'의 역사로서 읽어 내려고 하는 시도들은 나에게는 혐오스러운 심리적 경솔함의 증거로 보인다. 심리학에서 어릿광대인 저 르낭(Renan) 씨는 예수의 유형을 설명하기 위해서 가장 부적당한 두 가지 개념을 끌어왔다. 천재(Genie) 개념과 영웅(heros) 개념이다. 그러나 뭔가 비(非)복음서적인 것이라 한다면 그것은 바로 영웅 개념이다. 투쟁의, 투쟁하고 있다는 모든 느낌의 극단이 여기서는 본능이 되어 있다. 저항할 능력이 없는 것("악에 대적하지 말라",[47] 복음서 가운데서 가장 깊이 있는 말, 어떤 의미에서는 복음서를 이해하는 단서)이 도덕이 되고, 평화 속의, 우유함 속의, 적대가 불가능한 것 속의 열락이 도덕이 된다. '기쁜 소식(frohe Botschaft)'이란 무엇을 의미

---

46   아씨시의 성 프란체스코(1181 ~ 1226)는 프란체스코 수도회의 창설자이다. 주로 가난하고 병든 자들과 함께 하면서 종교 생활을 히였다.

47   '마태복음' 5장 39절에 나오는 말이다.

하는가? 진정한 삶, 영원한 삶이 발견되었다는 것이다. 그것은 단
지 약속이 아니라 바로 그대들의 안에 있다는 것이다. 사랑의 삶
으로서, 예외나 거절 없는, 거리감 없는 사랑으로서. 누구나 다 하
나님의 자식이다 — 예수는 어떤 특별한 특권을 요구하지 않았다
— 하나님의 자식으로서 사람들은 누구나 서로 동등하다는 것이
다…… 이러한 예수를 영웅으로 만들다니! — 게다가 '천재'라는
말도 얼마나 잘못 해석한 것인가! '정신(Geist)'이라고 말하는 우
리들의 모든 개념, 우리들의 문화(文化) 개념은 예수가 살았던 세
계에서는 아무 의미가 없었다. 생리학자의 엄밀한 말투로 말하자
면 여기서는 오히려 전혀 다르게, '백치'라고 말하는 것이 더 적합
할 것 같다. 어떤 단단한 물체를 건드리거나 쥐기만 해도 병적으
로 기겁하고 움츠러드는 촉감에 대해 우리는 친숙하다. 이러한 종
류의 생리적 조건을 최후의 결과에 따르게 해보아라. — 그것은
현실적인 모든 것에 본능적 증오가 된다. '상상할 수 없는 것', '이
해할 수 없는 것'으로의 도피가 되고, 모든 공식(公式)에, 모든 시
공간 개념에 반감이 된다. 확고한 모든 것, 관습, 제도, 교회의 모
든 것에 대한 반감이 된다. 어떠한 종류의 현실로도 더 이상 느껴
지지 않을 만한 세계, 단순한 '내면적'인 세계, '진정한' 세계, '영
원한' 세계 안에 안주하게 되는 것이다…… "하나님의 나라는 너
희 안에 있는 것이다"라면서[48]……

---

48   '누가복음' 17장 21절에 나오는 말이다.

30

현실을 향한 본능적인 증오. 모든 접촉을 너무나 심각하게 느끼기 때문에 더 이상 '접촉'을 전혀 원하지 않는 고통에 대한 수용력과 극단적인 감수성의 결과.

모든 혐오, 모든 적의, 감정에 있어서 모든 한계와 거리의 본능적인 배제. 모든 내키지 않음을 지각하는 겪음에 대한 수용력과 극단적인 감수성의 결과.…… 모든 내키지 않을 필요가 있는 것을 자체로서 견딜 수 없이 **불쾌한 것으로** (말하자면 해로운 것, 자기 보존 본능에 거슬리는 것으로) 느낀다. 그리하여 악을 포함하여 더 이상 누구에 대해서든, 무엇에 대해서든 저항하지 않을 때만 열락을 느끼고 — 사랑을 삶을 위해 유일한, **최후의 가능성으로** 경험하는 것이다.

이것이 구원의 교리가 자란 기반이 되는 두 가지 **생리학적** 현실이다. 나는 이 교설을 전적으로 병적인 기반 위에서 쾌락주의 (Hedonismus)의 연속적이고 세련된 진전이라고 부른다. 이것과 가장 친근성을 띠는 것은 이교의 구원의 교설인 에피쿠로스주의 (Epikureismus)다, 비록 에피쿠로스주의는 그리스적 생명력과 신경 에너지를 듬뿍 지니고 있기는 하지만. 에피쿠로스[49]는 전형

---

49   Epicurus(기원전 341 ~ 기원전 270년경): 그리스 철학자. 데모크리토스 사상의 영향을 받아 유물론자가 되었다. 그는 아테네에 학교를 세우고 이것을 '정원 학교'라고 불렀다. 그가 살던 당시에 그리스는 미게도니아 등 외세의 침입을 받아 지배당했는데, 철학자들은 그리스의 고전 철학의 전통에서 벗어나 주로

적인 데카당스다. 이것은 내가 처음으로 간파한 것이다. — 고통에 대한 공포, 심지어 한 없이 작은 고통에 대한 공포 — 이러한 공포는 오직 사랑의 종교로서만 끝날 수 있는 것이다……

31

그 문제에 대한 답을 나는 이미 앞에서 내놓았다. 구세주 유형이 우리에게는 아주 왜곡된 형태로만 보존되어 있다는 전제조건이 있다. 사실 이러한 왜곡이 있었을 개연성은 아주 크다. 그러한 유형은 순수하고 온전하게 보전될 수 없고 윤색에서 자유로울 수 없는 여러 가지 이유가 있다. 이 기이한 인물이 활동했던 환경은 그에게 분명 흔적을 남겼을 것이지만, 그 유형은 역사와 초기 기독교 공동체의 운명에 의해서 더 영향을 받았을 것이다. 전쟁에서 드러나고 선전(宣傳)으로서 의도된 특징들이 소급해 가면서 이 전형에 풍부하게 더해졌다. 복음서가 우리에게 소개하는 기이한 병적(病的)인 세계 — 러시아 소설에 나오는 사회의 폐물들과 정신병자들과 '어린애 같은' 백치들이 밀회나 하고 있는 것처럼 보이는 세계 — 이 세계는 아무래도 그 전형을 조잡하게 만들어 놓았을 것이다. 특히 최초의 사도(使徒)들. 온통 상징과 이해 불가능

개인적인 인생 문제에 몰두했다. 에피쿠로스 역시 인생 문제에 대한 사색에 몰두하였다.

한 것들로 넘쳐 나는 한 존재와 직면하였을 때, 그들은 얼마만이라도 이해하기 위해서는 자신들의 미숙함으로 그를 해석하였다. — 그들에게 예수라는 전형은 그를 좀 더 알기 쉬운 형식으로 바꾼 후에야 비로소 존재하게 된 것이다…… 선지자, 구세주, 미래의 심판자, 도덕의 설교자, 기적을 행하는 자, 세례자 요한 — 이들 모두는 그 전형을 오해할 만한 계기가 되었을 뿐이다…… 결정적으로 우리는 온갖 거창한 숭배 가운데 특히 종파적(宗派的)인 숭배의 고유성(proprium)을 경시해서는 안 된다. 그것은 숭배되는 자 원래의, 자주 기이한 특징과 특이한 점들을 말살해 버린다. — 종파적 숭배의 눈에는 심지어 이러한 것들이 보이지 않을 수도 있는 것이다. 이처럼 가장 흥미로운 데카당스의 근처에 도스토예프스키[50] 같은 사람이 살지 않았다는 점이 유감스럽다. 도스토예프스키 같은 인간이란 숭고한 것, 병적인 것, 유치한 것의 이러한 혼합에서 감동적인 매력을 느낄 수 있는 인간을 말한다. 마지막 관점은, 그러한 전형은 데카당스적이기에 사실 특유하게 다양하고 모순적이었을지도 모른다는 것이다. 그런 가능성을 전적으로 배제할 수는 없다. 그럼에도 불구하고 모든 것이 그런 가능성의 추측을 단념하게 만들고 있다. 그런 경우가 되려면 전승된 내용이 아주 사실에 충실하고 객관적이어야만 하기 때문이다. 그리고 우리

---

50   도스토예프스키(Fyodor Mikhailovich Dostoevskii, 1821 ~ 1881): 러시아의 소설가로 그가 쓴《가난한 사람들》,《죄와 벌》(1868),《악령》(1871 ~ 1872) 등 주요 작품들에서 수도 사회의 밑바닥 계층에 있는 사람들이나 정신적으로 비정상적이거나 고뇌하는 인물들을 다루었다.

는 정반대의 근거들을 지니고 있다. 한편으로는 인도와 별로 비슷한 점이 없는 땅에서, 산과 호수와 들판에서 부처와 같은 인상을 주면서 설교하는 사람의 모습과, 또 한편으로는 악의적인 르낭(Renan)이 "반어법의 위대한 대가(le grand maître en ironie)"라고 예찬한 저 광열적(狂熱的)인 공격자이자 신학자와 사제에 대해 깊은 적의를 지니고 있는 사람 사이에는 간격이 벌어진 모순이 드러나고 있다. 나 자신으로 말할 것 같으면, 기독교적 선전 활동의 격변 상태에서 엄청난 양의 담즙이 (심지어 번뜩이는 기지(機知)도) 주(主)의 전형으로 흘러들어 갔다는 사실을 믿어 의심치 않는다. 모든 종파주의자들(宗派主義者)이 자신들의 교주를 자신들의 **변호**에 이용하려고 온갖 무분별한 짓을 저지른다는 것은 잘 알려져 있다. 최초의 기독교 공동체는 신학자들에게 대항하기 위해 판결하고 다투고 분노하며 악의적으로 꼬투리를 잡는 신학자 한 명이 필요했을 때, 이 요구에 맞게 '신'을 창조해 냈다. 마치 이제는 그들에게 없어서는 안 될 전혀 비(非)복음적인 말들, '재림'과 '최후의 심판', 온갖 종류의 시간상의 기대와 약속을 아무 주저 없이 그 신의 입에서 토하게 했던 것과 똑같다. ―

32

다시 한 번 말하지만, 그런 광신자를 구세주의 전형에 넣는 것에 나는 반대한다. 르낭이 사용하는 '명령적'이라는 말은 단순히 그

말만으로도 그 전형을 **무효화**시키는 것이다. '복음'이란 다름 아니라 거기에는 더 이상 아무런 모순이 없다는 것이다. 천국은 어린아이들의 것이다, 라고 할 때, 여기서 말하는 신앙은 투쟁을 통해 획득한 신앙이 아니라 ─ 그런 신앙은 처음부터 거기 있었다는 것이다. 말하자면 정신적인 것으로 되돌려진 어린아이의 천진함 같은 것이다. 유기체의 퇴행의 결과로 사춘기가 늦어지는 현상에 대해서 적어도 생리학자들은 잘 알고 있다. ─ 이러한 신앙은 화내는 일도 없고, 비난하거나 방어하지도 않는다. 그것은 '검'을 휘두르지 않는다.[51] ─ 그것은 언제 어느 정도로 분리될지에 대해서도 전혀 예감하지 못한다. 그것은 기적이나 보상 또는 약속에 의해서도, 더더욱 '성경'에 의해서도 입증되지 않는다. 그 신앙 자체가 매 순간 기적이고, 보상이자 증거이며 '신의 나라'인 것이다. 이러한 신앙은 **스스로를 공식화**하는 일도 없다. ─ 그것은 살아 있는 것이므로 공식화하는 데 저항한다. 물론 환경과 언어와 전후 사정의 우연성이 개념의 특정한 면을 결정하기는 한다. 초기 기독교의 형태는 **오로지** 유대족-셈족의 개념들만을 사용하였다(─ 성찬식에서 먹고 마시는 것이 그러한 개념에 속하며, 유대적인 모든 것을 남용하듯 교회에서 심각하게 남용하고 있는 개념이다). 그러나 이러한 개념 속에서 우리는 하나의 기호어, 하나의 기호론, 비유를 위한 기회 이상은 보지 않도록 조심해야 한다. 어떤 말도 말 그대로 받

---

51   니체는 여기서, '마태복음' 10장 34절에서 예수가 "내가 세상에 화평을 주러 온 줄로 생각하지 말라, 화평이 아니요 검을 주러 왔노라"라고 한 말의 끝부분을 부정하고 있다.

아들여지지 않는 것이 바로 이런 반현실주의자에게 전제조건이 된다. 그는 인도인들 사이에서라면 상키아(Sânkhyam) 학파[52]의 개념을, 중국인들 사이에서라면 노자의 개념을 이용했을 것이다 — 그러면서도 아무런 차이도 느끼지 않았을 것이다. — 조금 느슨하게 표현하자면, 예수를 일컬어 하나의 '자유정신'이라고 부를 수도 있으리라 — 그는 고정된 것에 전혀 관심을 보이지 않았기 때문이다. 왜냐하면 말(言語)은 죽이고, 고정된 모든 것을 죽이기 때문이다. 그가 유일하게 알고 있던 '삶'의 경험이란 개념은 그에게는 온갖 종류의 말, 공식, 법, 신앙, 교리와 대립하는 것이었다. 그는 오직 가장 내면적인 것에 대해서만 말했다. '삶', '진리' 혹은 '빛'은 가장 내면적인 것에 대하여 그가 사용한 말이다.[53] — 그 밖의 모든 것, 모든 현실성, 모든 자연, 언어 자체도 그에게는 하나의 기호로서의 가치, 비유로서의 가치를 지닐 뿐이었다. — 이 부분에 있어서 기독교적인 (다시 말해 교회의) 편견이 아무리 크더라도, 잘못 짚어서는 결코 안 된다. 그와 같은 특별한 상징주의자는 모든 종교, 모든 숭배의 개념, 모든 역사, 모든 자연과학, 모

---

52   상키아 학파: 인도의 정통 철학 학파로 수론(數論) 학파라고도 부른다. 기원 전 4세기 무렵에 인도 사상가 카필라(Kapila)가 창시하였으며, 정신과 물질, 즉 푸루샤(purusha)와 프라크리티(prakriti)는 본질적으로 서로 다르다는 이원론을 주장하였다. 특히 인간의 고통은 정신이 자신을 물질과 동일시하는 무지(無知)에서 나온 것이므로 그 고통, 즉 물질적 속박에서 벗어나기 위해서는 요가의 수행이 중요하다고 보았다.

53   '요한복음' 14장 6절의 "나는 곧 길이요, 진리요, 생명이니, 나로 말미암지 않고서는 아버지께로 올 자가 없느니라"의 구절을 참조.

든 세계 경험, 모든 지식, 모든 정치, 모든 심리학, 모든 서적, 모든 예술의 바깥에 위치하고 있다. — 그의 '앎(知)'은 바로 이러한 것들이 존재한다는 사실조차 모르는 순수한 우매함에 지나지 않는다. 문화라는 것에 대해서 그는 들어본 적조차 없다. 그는 문화에 맞서 투쟁할 필요도 없다 — 문화를 부정하지도 않는다…… 국가, 모든 시민적 질서, 사회, 노동, 전쟁의 경우도 마찬가지다. — 그는 '현세'를 부정할 이유를 한 번도 가져 본 적이 없고, '세속'이라는 교회적 개념을 결코 가진 적이 없다…… 부정(否定)한다는 것은 그에게는 전혀 불가능한 일이다. — 마찬가지로 그에게는 변증법도 결여되어 있으며 하나의 신앙, 하나의 '진리'가 근거에 의해 증명될 수 있을 거라는 관념도 결여되어 있다(— 그의 증명은 내적인 '광명', 내적인 기쁨과 자기 긍정이며, 오로지 '능력의 증명'[54] 일 뿐이다 —). 이러한 가르침에 대해서는 이의를 제기할 수도 없다. 이러한 가르침은 다른 가르침들이 있다는 것과 있을 수 있다는 것을 전혀 이해하지 못한다. 그것은 하나의 정반대되는 판단이 있을 수 있다는 것조차 전혀 상상하지 못한다…… 만약 그러한 판단에 부딪치면, 이러한 가르침은 가슴 깊숙이 솟구치는 연민으로 인해 그 '맹목성'을 — 왜냐하면 자기는 '빛'을 보니까 — 통탄하겠지만, 그러나 아무런 이의를 제기하지는 않을 것이다……

54　'고린도 전서' 2장 4 ~ 5절의 "내 말과 내 설교를 설득력 있는 인간의 지혜로 말미암 하지 않고 성령과 능력을 나타냄으로써 하였으니…… 너희의 믿음이 인간의 지혜에 있지 않고 하나님의 능력에 있게 하려는 것이다"의 구절을 참조.

33

'복음서'의 심리에는 죄와 벌이라는 개념이 그 어디에도 없다. 마찬가지로 보상이라는 개념도 없다. '죄악'이라는 것, 신과 인간 사이를 멀어지게 하는 모든 관계가 없어졌다는 것 — 바로 이것이 '기쁜 소식'이다. 축복이란 약속되는 것이 아니며, 조건에 결부되는 것도 아니다. 이것이야말로 유일한 현실이다 — 그 나머지는 현실에 대해 말하기 위한 하나의 기호일 뿐이다……

그러한 상태는 하나의 새로운 실천, 본래의 복음주의적인 실천에 투영된다. 기독교도를 다른 교도와 구별하는 것은 '신앙'이 아니다. 기독교도는 행동하는 것이며, 그 행동이 다르기 때문에 구별되는 것이다. 기독교도는 자신에게 악을 행하는 자에게 말로써나 마음에 있어서나 저항하지 않는다는 그 사실로. 이방인과 본국인, 유대인과 비유대인('이웃'이란 본래 신앙의 동지, 유대인을 말한다)을 차별하지 않는다는 그 사실로. 누구에게도 화내지 않고 아무도 멸시하지 않는 그 사실로. 법정에 나서지도 않고 나서기를 요구하지도 않는 ('맹세하지 않는 것'[55]) 그 사실로. 어떤 상황에서, 심지어 아내의 부정이 입증된 경우에도, 아내와 이혼하지 않는 그 사실로. — 이 모든 것은 근본적으로 하나의 명제이며, 모든 것은 결국 하나의 본능의 결과이다. —

구세주의 삶이란 바로 이러한 것을 실천하는 것 외에 아무것도

55 　'마태복음' 5장 33절의 "너는 거짓 맹세를 하지 말지니라."를 참조.

아니었다, ― 그의 죽음조차 역시 다르지 않았다…… 그는 신과 소통할 어떤 형식도, 어떤 의식도 필요하지 않았다 ― 기도조차 불필요했다. 그는 모든 유대교적인 회개와 화해의 교설과는 관계를 끊어 버렸다. 그는 오직 삶의 실천만이 사람들로 하여금 스스로 '신적이고', '복되고', '복음적이고', 언제나 '신의 아들'로 느끼게 해주는 것이라고 알고 있었다. '회개'도 '용서를 비는 기도'도 신에게 이르는 길은 아니다. 오직 복음적인 실천만이 신에게로 인도하며, 그 실천이 바로 '신'인 것이다. ― 복음과 더불어 없어진 것은 '죄', '죄의 사함', '신앙', '신앙에 의한 구원'이라는 개념의 유대교였다. ― 유대 교회의 모든 가르침은 '기쁜 소식' 안에서 부정된다.

사람은 어떤 다른 방식을 취하더라도 결코 자신이 '천국에 있다'고 느낄 수 없지만, 스스로 '천국에' 있다고 느끼고 스스로 '영원'하다고 느끼기 위해서는 어떻게 살아야 하는가에 대한 심층적 본능, 이것만이 '구원'의 심리학적 현실이다. ― 그것은 하나의 새로운 삶의 방식이지 하나의 새로운 신앙은 아니다……

34

이 위대한 상징주의자에 대해서 내가 뭔가 이해하는 것이 있다면, 그것은 그가 오직 **내면적** 현실만을 현실로, '진리'로 받아들였다는 사실이다. ― 그리고 그 나머지 것, 즉 자연적인 것, 시간적인 것, 공간적인 것, 역사적인 것은 모두 오직 기호로서만, 즉 비유의 계기로서만 이해했다는 사실이다. '사람의 아들(des Menschen Sohn)'[56]이라는 개념은 역사 속에 속하는 특정하고 구체적인 인물, 뭔가 개별적이고 일회적인 존재가 아니라 오히려 하나의 '영원한' 사실성, 시간개념으로부터 벗어난 하나의 심리적인 상징이다. 그와 똑같은 것을 이 전형적인 상징주의자의 신에 대해 '신의 나라'에 대해, '천국에 대해', 신에 대한 아들의 관계에 대해, 다시 한 번 최고의 의미로 말할 수 있다. 인격으로서의 신, 다가올 '신의 나라', '피안의 천국', 삼위일체의 제2의 인격인 '신의 아들'에 대한 교회의 조잡한 개념들보다 더 비기독교적인 것은 없다. 이 모든 것은 (내가 이러한 표현을 쓰는 것을 용서해주기 바란다) 눈앞에 내민 큰 주먹과 같다.[57] ― 아, 그런데 어떤 눈앞인가! ― 그것은 복음서의 눈앞이다. 그것은 상징을 비웃는 세계사적 냉소주의다…… 그러나 물론 모든 사람들에게 분명하지는 않지만, '아버지'와 '아들'이라는 기호에서 암시되는 것이 무엇인지는 명백하다. '아들'이라는 말에는 만사의 변용(축복)에 대한 총체적 느낌 안으로의 진입이 표현되어 있고, '아버지'라는 말에는 이러한 느낌 자체, 영원과 완성의 느낌이 표현되어 있다. ― 나는 이러한 상징체계로 교회가 무슨 일을 해 왔는지 상기하는 것만으로도 부

---

56   '마태복음' 8장 20절의 "예수께서 이르시되 여우도 굴이 있고 공중의 새도 거처가 있으되, 인자(人子: 사람의 아들)는 머리 둘 곳이 없다 하시더라"를 참조.

57   이 말의 독일어 원문은 "die Faust auf dem Auge"로, 이것은 "서로 전혀 어울리지 않는다"는 뜻의 관용어이다.

끄럽게 여긴다. 교회는 기독교적 '신앙'의 문턱에다 암피트리온 (Amphitryon)의 이야기[58]를 갖다 붙인 것이 아닌가? 거기에다 '원죄 없는 처녀 수태'라는 교리까지 덧붙이지 않았는가?…… 그러나 이렇게 해서 교회는 정작 수태를 더럽히고 말았다.

'천국'이라는 것은 일종의 마음의 상태이지 — '지상을 넘어서' 또는 '죽은 다음'에 오는 어떤 것이 아니다. 복음서에는 자연적인 죽음의 개념은 모두 빠져 있다. 죽음이란 하나의 건너는 다리도 아니고, 하나의 과도기적인 것도 아니다. 죽음은 전혀 다른 세계, 단순히 가상적인 세계, 단순히 기호로서만 소용 있는 세계에 속하기 때문이다. '임종의 시간'이란 기독교적인 개념이 아니다. — '시각', 시간, 육체적 삶의 위기는 '기쁜 소식'을 가르치는 자에게는 전혀 존재하지 않는다…… '신의 나라'라는 것은 사람들이 기다리는 그런 것이 아니다. 거기에는 어제도 없고, 내일 이후도 없다. 그것은 '천 년'이 지나도 오지 않는다 — 그것은 마음속에서 가지는 하나의 경험인 것이다. 그것은 어디에나 있고, 또 어디에도 없다……

---

58   그리스 신화에서 암피트리온의 아내 알크메네는 아직 남편과 동침을 하지 않은 처녀의 몸이었는데, 남편이 집을 비운 사이에 남편으로 변신하고 그녀를 찾아온 제우스신과 동침하였으며 그 결과 헤라클레스가 태어난다. 즉 니체는 이처럼 그리스 신화에 나오는, 처녀가 신의 아이를 잉태한다는 이야기를 기독교가 그럴듯하게 따왔다고 보고 있는 것이다. 이렇게 생각하는 니체는, 앞서 기독교 복음서의 초월적인 내용의 상당 부분이 창작된 진실적인 내용이라고 보았던 슈트라우스의 영향을 어느 정도 받은 것으로 보인다.

35

이 '기쁜 소식을 가져온 자'는 그가 산 방식대로, 가르친 방식대로 죽었다 — 인간을 구원하기 위해서가 아니라, 사람은 어떻게 살아야 하는가를 보여주기 위해서였다. 그가 인류에게 남긴 것은 바로 실천이었다. 재판관과 추적자, 고발자, 그리고 온갖 종류의 중상과 조소 앞에서 보여준 그의 태도 — 그리고 십자가 위에서 보여준 그의 태도. 그는 저항하지 않는다. 그는 자신의 권리를 변호하지 않는다. 최악을 피하려고 대응하지도 않는다. 오히려 그는 그런 사태를 도발한다…… 그리고 자신에게 악을 행하는 자들과 더불어, 그들 안에서 간절히 기도하고, 괴로워하고, 사랑한다……[59] 십자가에 매달린 도둑에게 그가 한 말은 복음의 말 전체를 포함하고 있다. 도둑이 "이 사람이야말로 진정 신과 같은 사람, '신의 아들'이었구나"라고 말했다. 구세주가 답하였다, "네가 그렇게 느낀다면 너는 천국에 있는 것이다. 너 역시 하나님의 아들이다……"라고. 자신을 방어하지 말고, 화내지 말고, 비난하지 말고…… 그러나 악인에게도 저항하지 말고 — 그를 사랑하라는 것이다……

36

---

59   '누가복음' 23장 39절 이하를 참조.

— 우리들만이, 자유로워진 정신인 우리들이 비로소, 19세기가 오해한 것을 이해할 수 있는 여건을 갖추게 되었다. — 본능과 열정이 된 성실함, 다른 어떤 거짓말보다 '성스러운 거짓말'에 맞서 싸우는 것…… 세상 사람들은 말할 수 없을 정도로 우리의 온화하고 신중한 중립적 태도와 거리가 멀었다. 그처럼 기이하고 섬세한 일을 간파할 수 있는 저 정신의 훈련으로부터 아주 멀어져 있었다. 어느 시대에나 사람들은 이기심에 가득 차 자신들에게 가장 좋은 것만을 항상 원했고, 복음과는 정반대의 것으로 교회를 세웠다……

— 누군가가 이 세계의 어마어마한 게임의 배후에는 어떤 아이러니컬한 신성이 조종하는 징후를 찾고 있다면, 기독교라 불리는 거대한 의문부호 속에서 발견할 수 있으리라. 인류가 복음의 근원, 의미, 복음의 정당성의 반대 앞에 무릎을 꿇고 있는 것, '기쁜 소식을 가져온 자'가 자신의 발밑에 있다고 느끼고, 자신의 뒤로 극복해 넘겼다고 느꼈던 바로 그것을 인류가 '교회'라는 개념 안에서 신성시하고 있는 것 — 이보다 더 엄청난 세계사적 아이러니(welthistorische Ironie)의 예를 찾아보아도 헛수고일 것이다.

37

— 우리의 시대는 그것의 역사적 감각을 자랑스러워한다, 그런데 어떻게 이 시대는, 기독교의 초기에 기적을 행하는 자와 구세주에

관한 조잡한 우화로 시작되었고 이야기가 있었고 모든 영적인 것과 상징적인 것은 나중에 가서 발전된 것에 불과한 이런 불합리한 것을 믿게 될 수 있었을까? 오히려 반대로 기독교의 역사는 — 실제로 십자가에서의 죽음과 같이 시작하는 — 원래의 상징체계를 점점 더 조잡하게 오해해 가는 역사이다. 기독교가 더 많은 미개한 민중들 사이로 퍼져 나갈 때마다, 그 종교를 성립시킨 전제조건들이 점점 더 사라졌으므로, 비속화하고 야만화할 필요성이 점점 커졌다. — 그 종교는 로마제국의 온갖 지하적인 예배의 교리와 제식을 지니면서, 온갖 종류의 병적인 이유를 흡수하였다. 기독교의 숙명은, 그 종교로 인해 충족되어야 할 욕구들이 병적이고 천박하고 비속해짐에 따라 필연적으로 그 신앙마저도 병들고 천박하고 비속화될 수밖에 없었다. 이 병적인 야만성이 마침내 교회에서 권력을 잡았다 — 모든 성실성과 모든 영혼의 고귀함에, 모든 정신의 훈련, 모든 공명정대하고 선량한 인간성에 끔찍이도 적대적인 형식, 교회가 말이다. — 기독교적 가치 — 고귀한 가치. 우리들만이, 자유로워진 정신인 우리들이 이 대립을, 존재하는 것 중에서 가장 커다란 대립을 다시 회복시켰다!

38

— 이 지점에서 나는 탄식을 억누를 길이 없다. 가장 어두운 우울함보다도 더 어두운 느낌 — 인간에 대한 경멸 — 이 나를 엄습하는

날들이 있다. 내가 무엇을 경멸하고, 누구를 경멸하는지에 대해 아무 의혹을 남기지 않기 위해 분명히 해 두자. 그것은 바로 오늘날의 인간, 숙명적으로 나와 동시대에 살고 있는 인간이다. 오늘날의 인간 — 그들의 불결한 숨결에 나는 질식할 것만 같다…… 과거에 대해서 모든 탐구자들처럼 아주 관용적인, **도량이 큰** 자제력을 지니고 있다. 나는 수천 년을 이어 온 이 정신병원 세계 — '기독교', '기독교적 신앙', '기독교적 교회'를 암울한 기분으로 조심스럽게 통과해 간다. — 나는 인류에게 그들의 정신병에 대해 책임을 부가하지 않으려고 조심한다. 그러나 현대, 즉 우리 시대로 들어서자마자 당장 내 감정은 뒤바뀌어 폭발해 버린다. 우리 시대는 더 잘 알고 있다…… 예전에 단지 병적이었던 것이 오늘날에는 외설이 되었다. — 오늘날 기독교도가 되는 것은 외설이다. 그리고 여기에서 나의 혐오감은 시작된다. — 내 주위를 둘러본다. 예전에 '진리'라고 불리었던 것을 위해 이제 한마디 말도 남아 있지 않다. 우리는 어떤 사제가 '진리'라는 말을 입에 담기만 해도 참을 수가 없다. 오늘날 가장 성실한 사람이 성실하자고 아무리 겸손하게 요구하더라도, 사람들은 신학자와 사제와 교황이 하는 말은 한마디 한마디가 잘못되었을 뿐 아니라 거짓말이라는 사실을 알아야만 한다 — 그런 사람들이 '순수'하거나 '무지'하다고 해서 마음대로 거짓말하는 것은 있을 수 없는 일이다. 다른 모든 사람들이 알고 있듯이 사제도 역시 '신', '죄인', '구세주'는 더이상은 존재하지 않는다는 것을 알고 있다. — '자유로운 의지'와 '도덕적 세계 질서'라는 것도 거짓말이라는 것을 안다. — 진지하고 자기 극복한 정신은 이런 것을 **모르고** 지내는 것을 아무에게도 허용하지 않는다…… 교회의 **모든** 개념은 교회의 본래 모습, 자연과 자연 가치를 **무가치하게** 만들 목적으로 가장 악의적으로 날조된 허위라는 것이 간파되었다. 사제 또한 본래 모습, 삶에 가장 위험한 기생충의 일종이라는 것이, 진짜 독거미라는 것이 간파되었다…… 오늘날 우리는, 우리의 **양심**은 알고 있다 ─ 사제와 교회가 발명해 낸 그 섬뜩한 것들이 대체 **어떤** 가치를 가지고 있고 어떤 목적에 **이용되었는지**를. 그것들로 인해 인류는 그들의 모습을 보기만 해도 역겨워질 정도로 자기 모욕의 상태에 이른 것이다 ─ 그것은 바로 '피안', '최후의 심판', '영혼의 불멸', '영혼' 자체라는 개념들이다. 이런 것들은 사제를 지배자로 만들어 주고 지배자의 위치를 상실하지 않게 해준 고문 도구, 체계적으로 잔학한 수단들이다…… 누구나 이 사실을 알고 있다. **그럼에도 불구하고** 모든 것이 옛날 그대로이다. 평소에는 전혀 얽매이지 않고 철저하게 반기독교적으로 행동하는 우리의 정치가들조차 오늘날 여전히 기독교도로 자처하고 성찬식에 나가는 상황이니, 품위와 자존심이라는 마지막 감정은 어디로 사라진 것일까? …… 그 연대의 선두에 서 있는 젊은 군주가, 자기 민족의 이기주의와 자부심을 멋지게 표현하면서 ─ 한 점도 부끄러워하지 **않고** 자신이 기독교도라고 고백하고 있다니. 도대체 기독교는 누구를 부인하는가? 기독교는 무엇을 '세속'이라고 부르는가? 사람들이 군인이 되고 판관이 되고 애국자가 되는 것, 자신을 방어하고 자신의 명예를 지키는 것, 이익을 원하고 **긍지**를 갖는 것…… 매순간 실천하는 모든 것, 모든 본능, 행동에 이르는 모든 가치 평가, 이러한 것들은 오늘날 반기독교적이다. 그럼에도 불구하고 현대인은 기독교도로 불리는 것을 부끄러워하지 않으니, 현대인은 얼마나 표리부동의 유산(流産)들인가!

39

이제 나는 되돌아가서 기독교의 **진정한** 역사에 대해서 이야기하겠다. ― 심지어 '기독교'라는 말 자체가 하나의 오해다 ―, 근본적으로는 오직 한 사람의 기독교도만이 존재했었고, 그는 십자가 위에서 죽었다. 그리고 '복음' 역시 십자가 위에서 죽었다. 바로 그 순간 이후로 '복음'이라고 불리는 것은 그가 살았던 삶의 특성과는 정반대되는 것이었다. 그것은 '나쁜 소식', 즉 화음(禍音, Dysangelium)이었다. 그리스도를 통한 구원의 믿음처럼, 그들의 '신앙'에 의해서 기독교도가 특징지어진다고 생각한다면 그것은 터무니없이 거짓이다. 오직 기독교적인 **실천**만이, 십자가에서 죽은 자처럼 **사는** 것만이 기독교적인 것이다…… 오늘날에도 그러한 삶은 가능하며, 심지어 **특정한** 사람들에게는 필요하기까지 하다. 진정한 근원적인 기독교는 어느 시대에나 가능할 것이다…… 믿음이 아니라 행위, 무엇보다도 많은 일을 하지 않음, 다른 **존재**…… 여러 의식 상태, 어떤 종류의 믿음, 예컨대 어떤 것이 진실하다고 간주하는 일은 (심리학자라면 누구나 알고 있듯이) 본능의 가치에 비하면 전혀 중요하지 않고 아주 하찮은 것이다. 더 엄밀히 말하면, 정신적 원인성에 대한 개념 전체가 허위인 것이다. 기독교도, 그리고 기독교적인 것을 어떤 특정한 것을 진실하다고 여기는 주장으로, 한낱 의식 현상으로 축소하는 것은 기독교적인 것을 부정하는 것이다. 사실 **기독교도라는 것은 전혀 존재하지 않았다** (In der Tat gab es gar keine Christen). '기독교도'라는 것, 2천 년 동안이나 기독교도라고 불려 온 것은 한낱 심리적인 자기 오해에 지나지 않는다. 더 자세히 살펴보면, 모든 '신앙'에도 **불구하고**, 그들은 본능들에 의해서만 지배받아 온 것이다 — 그리고 그것들은 **어떤 본능**이었던가! — 모든 시대에 걸쳐 '신앙'이라는 것은, 예컨대 루터(Luther)의 경우에서처럼, 하나의 외투, 하나의 구실, 하나의 장막에 불과했다. 그 배후에서 작용한 것은 본능이었다. — 신앙은 특정한 본능이 지배하는 것을 감추는 **영리한 눈가림**이었던 것이다…… '신앙' — 이것을 가리켜 이미 나는 사실 기독교의 영리함이라고 불렀다. — 사람들은 입으로는 늘 '신앙'에 대해 말하면서도 항상 '본능'대로만 행동해 왔다…… 기독교도의 표상에서 현실과 접촉하고 있는 것은 아무것도 없다. 오히려 정반대로 우리는 모든 현실에 대한 본능적 증오 속에 기독교의 근본을 이루는 유일한 동력 요소가 있음을 간파하였다. 여기에서 무엇이 따라 나오는가? 이 경우 심리학에서도 이것은 근본적인 오류이다. 오류가 본질을 규정하고 오류가 **실체**라는 것이다. 여기서 단 하나의 개념이라도 제거하고 그 자리에 단 하나의 현실을 놓기만 해도 — 기독교 전체는 무(無)로 사라지고 만다! — 모든 사실들 중에서 가장 이질적인 이 사실, 오류를 전제로 하고 있을 뿐만 아니라, 오직 해롭고, 삶에도 마음에도 독이 되는 오류 속에서만 발명적이고 심지어 천재적으로 되는 이 종교는, 드높은 곳에서 바라보면 신들에게는 하나의 구경거리일 뿐이다. — 내가 낙소스(Naxos) 섬에서의 그 유명한 대화 때 만났던 철학자이기도 한 그 신들[60]에게는 그렇다…… 그 신들에게서(— 그리고 우리들에게서!) 혐오감이 사라지는 순간에, 그들은 기독교도가 보여준 구경거리를 고맙게 여긴다. 이런 진기한 경우에만 아마도 '지구'라고 불리는 이 가련한 작은 별에 대해 신들은 한 번 시선을 던지고 관심을 가지게 될 것이다…… 그러니 우리도 기독교도를 경시해서는 안 된다. 순수하리만큼 허위적인 기독교도는 원숭이 그 이상이다 — 흔히들 알고 있는 인류기원설도 기독교도들과 연관해서 보면 단순히 아첨거리가 될 뿐이다……

40

복음의 숙명은 죽음과 더불어 봉인되었다. — 그것은 '십자가'

---

60   이 신(神)들은 기독교의 신이 아니라 그리스 신화에 나오는 신들을 가리킨다. 낙소스(Naxos)섬은 그리스 신화에서 디오니소스(Dionysos) 신앙의 중심지로도 알려진 섬으로, 특히 생명력이 넘치고 광적이고 자유로운 것을 사랑한 디오니소스 정신을 젊은 내부터 예찬해 온 니체에게는 중요한 의미가 있는 지역이다.

에 매달린 것이다…… 그것은 바로 그 죽음, 예기치 않은, 치욕적인 이 죽음을 맞았다. 바로 그 십자가, 대개는 하층민에게만 사용되었던 십자가가 — 바로 이 끔찍한 역설이 사도들로 하여금 "그 사람은 누구였던가? 저 사건은 무엇이었던가?"라는 본래적인 수수께끼와 맞닥뜨리게 만들었다. — 마음 속 깊이 흔들리고 모욕당한 느낌, 그런 죽음이야말로 그들의 사례를 부정해 버릴 거라는 의심, "왜 하필 이러한 일이 일어났을까?"라는 섬뜩한 의문부호 — 이러한 상태는 충분히 이해되고 남는다. 진실로 모든 것은 필연적이고 의미 있고 이성적이어야, 여기서 최대한 이성적이어야 했다. 사도의 사랑이란 우연을 모르기 때문이다. 그러고 보니 이제야 비로소 틈이 생겼다. "누가 그를 죽였는가?" "누가 당연히 그의 원수인가?" — 이러한 물음이 번개처럼 떠올랐다. 대답: 유대교 지배자, 유대교의 최상층. 이 순간에 사람들은 자신들이 당대의 질서에 대해 반역을 하고 있다고 느꼈고, 예수도 질서에 대해 반역을 한 것이라고 이해했다. 이전에는 예수의 모습에는 이러한 호전적인 특징, 부정하는 말, 부정하는 행동의 특징이 없었다. 오히려 정반대였다. 분명히 그 작은 교회 공동체는 바로 핵심을 이해하지 못한 것이었다. 그런 방식으로 죽어 가면서 보여준 모범적인 점, 모든 원한 감정을 초월하는 자유를 이해하지 못한 것이다. — 이것은 그들이 예수를 얼마나 이해하지 못했는지를 보여 주는 표시이다! 예수 자신은 자신의 죽음을 통해 가장 혹독한 시험, 즉 자기의 가르침의 증거를 공개적으로 세상에 주는 것 외에 아무것도 바랄 수 없었다…… 그러나 그의 사도들로서는 이러한 죽음을 결코 용서하고 넘어갈 수가 없었다 — 만약 용서했더라면 그거야말로 최고의 의미에서 복음적인 것이었을 텐데. 온유하고 평정한 마음에서 그들이 그와 유사한 죽음을 자청(自請)하지 못한 것은 더 말할 것도 없다…… 오히려 그야말로 가장 비복음적인 감정인 복수심이 다시 머리를 들고 일어났다. 이 죽음이 문제의 끝이라는 것은 불가능했다. 그들은 '보복'과 '심판'을 필요로 했다. (— 그러나 '보상', '벌', '심판'보다 더 비복음적인 것이 있을까!) 다시 한 번 구세주에 대한 통속적인 기대가 전면에 부상했다. 역사상의 한 순간에 주의를 기울이게 되었으니, 그것은 바로 '하나님의 나라'가 그의 적을 심판하러 온다는 것이었다…… 그러나 이렇게 해서 모든 것이 오해로 바뀌었다, '하나님의 나라'가 최후에 펼쳐질 장면으로, 약속으로! 복음은 바로 이러한 '나라'가 현존이며, 성취이며, '현실'이었다. 그러한 죽음이 바로 그 '하나님의 나라'였다…… 오직 이 지점에서 바리새인과 신학자들에 대한 온갖 경멸과 반감이 그들의 스승의 전형 속에 끌어들여졌다. — 그리하여 그를 바리새인, 신학자로 만들고 말았다! 한편, 이처럼 아주 광분한 영혼들의 격분한 숭배심은, 모든 사람은 신의 아들이라는 평등의 권리 갖는다는 예수의 가르침을 이제 더 이상 견딜 수 없었다. 그리하여 그들은 정상을 벗어난 방식으로 예수를 고양시켜, 그를 자신들과 분리시키는 것으로 복수했다. 마치 예전에 유대인들이 적에게 복수하려고 자신들이 섬기는 신을 자신들과 분리시켜 고양시켰듯이. 유일한 신(唯一神)과 신의 유일한 아들(獨生子)이라는 것, 이 두 가지 다 원한의 산물이다……

41

— 그러하여 이제부터는 '신이 어떻게 그런 일을 허용할 수 있었던가?'라고 하는 하나의 부조리한 문제가 나타났다. 그 작은 교회 공동체의 혼란에 빠진 이성은 정말 무서울 정도로 부조리한 대답을 찾아냈다. 신이 죄를 용서해주기 위해 자신의 아들을 희생물로 보냈다는 것이었다. 실로 한 번에 복음이 종말을 고하고 만 것이다. 죄의 희생물이라니! 그것도 가장 역겹고 가장 야만적인 형식으로, 죄지은 자들의 죄 때문에 죄 없는 자를 희생한다니! 얼마나 소름끼치는 이교주의인가! — 예수는 사실 '죄'라는 개념 자체를 버렸었다. — 그는 신과 인간 사이에 존재하는 모든 간격을 부정하였으며, 신과 인간의 일치를 자신의 '복음'으로 삼고 살았다…… 그리고 특권으로서가 아니었다! — 이때부터 구세주의 전형 속에 하나씩 들어온 것이 있었으니, 심판과 재림의 가르침, 죽음이 희생이라는 가르침, 부활에 대한 가르침이었다. 그 가르침으로 인해 '축복'의 전체 개념, 복음의 유일한 현실은 손을 한 번 흔들어 사라지고 말았다 — 죽음 뒤의 상태를 위해서 말이다! …… 모든 점에서 그의 특색을 이루는 저 율법 학자의 뻔뻔스러움으로 바울(Paulus)은 이러한 이해 방식, 이 같은 외설적인 이해 방식을 다음과 같이 논리화시켰다. "만약 그리스도께서 죽은 자 가운데서 부활하지 않으셨다면, 우리의 믿음은 헛된 것이다."[61]라고. —

---

61   '고린도 전서' 15장 14절에 나오는 구절의 일부이다.

그러자 단번에, 복음은 모든 실현 불가능한 약속들 중에서도 가장 경멸스러운 약속, 개인적인 불멸의 뻔뻔스러운 교리가 되어 버렸다…… 바울 자신은 그것을 일컬어 보상이라고 여전히 가르쳤다!……

42

사람들은 십자가에서의 죽음과 함께 끝나 버린 것이 무엇인지를 알고 있다. 단순히 약속된 것이 아니라 현실적인 **지상(地上)에서의 행복을 향하는**, 불교적인 평화운동에서처럼 새롭고도 근본적인 시작이 끝장나 버린 것이다. ― 내가 이미 주장했듯이, 이 두 가지 데카당스 종교들 사이에는 근본적인 차이가 있다. 즉 불교는 약속하지 않아도 지키고, 기독교는 모든 것을 약속하고도 **아무것도 지키지 않는다**. ― '기쁜 소식'에 뒤이어 곧바로 모든 것 중에 가장 **나쁜 소식**이 전해졌다. 바울의 소식이다. 바울에게는 '기쁜 소식을 전하는 자'와는 정반대의 전형, 즉 증오의, 증오의 환상의, 증오의 냉혹한 논리의 천재성이 구현되어 있다. 이 나쁜 소식을 전하는 자가 증오의 희생물로 삼지 않은 것이 무엇이 있었던가! 무엇보다도 구세주를. 그는 구세주를 자신의 십자가에 못 박아 버렸다. 구세주의 삶과 모범, 가르침과 죽음, 복음 전체의 의미와 권리를 못 박아 버린 것이다. ― 이 증오심에 사로잡힌 위조자(僞造者)가 스스로 이용할 수 있을 것으로 이해한 것 말고는 아무것도 남아나지 않았다. 현실도, 역사적 진리도 남아나지 않았다!…… 그리고 그 유대인의 사제적 본능은 다시 한 번 역사에 똑같은 큰 범죄를 저질렀다. ─ 그는 기독교의 어제와 그 이전의 날들을 깡그리 지워 버리고서 스스로 초기 기독교의 역사를 만들어 낸 것이다. 심지어 그는 이스라엘의 역사를 자신의 행위의 선사(先史)처럼 보이게 하려고 그 역사를 또 한 번 왜곡했다. 모든 선지자들이 자신의 '구세주'에 대해서 이미 이야기했었다는 식으로…… 훗날 교회는 심지어 인류의 역사마저도 기독교의 선사였다는 식으로 날조해 버렸다…… 구세주의 전형, 가르침, 실천, 죽음, 죽음의 의미, 심지어는 죽음 이후까지 ─ 그 어느 것도 그냥 놔두지 않았다. 현실의 모습과 조금이라도 닮은 것은 그 어느 것도 그냥 두지 않았다. 바울은 현존재 전체의 중심을 현존재의 피안으로 ─ '부활'한 예수라는 거짓말에다 깡그리 옮겨 버렸다. 근본적으로는 바울은 구세주의 삶을 전혀 이용할 수 없었다. ─ 그에게 필요했던 것은 십자가에서의 죽음과 그 이상의 다른 무엇이었다…… 스토아(Stoa)적 계몽의 중심지가 고향인 이 바울[62]이 구세주가 여전히 살아 있다는 것을 환영을 통해 증명하려 할 때, 그가 정직하다고 간주하거나 그런 환영을 보았다는 그의 말을 믿는다는 것은 심리학자가 볼 때는 정말 어리석은 일이다. 그러나 바울은 목적이 있었

---

62   바울은 지금의 터키 지역인 타르수스((Tarsus)에서 태어났는데, 그곳에는 기원전 3세기 초에 제논(Zenon)이 창시한 유명한 스토아학파(Stoa 學派)의 학교가 있었다. 스토아학파는 그리스 철학의 한 학파로서 유물론 또는 범신론의 입장을 취했고, 금욕과 극기를 통하여 자연에 순종하는 생활을 추구하였다.

고 따라서 또한 거기에 도달할 수단을 원했다…… 그 자신도 믿지 않은 것을 그의 교설을 들은 어리석은 사람들은 믿었다. ─ 그가 필요로 한 것은 권력이었다. 바울과 더불어 사제의 족속도 다시 권력을 원했다. ─ 군중에게 독재하며 군중을 가축 떼처럼 만드는 개념과 교리, 상징들을 오직 그가 이용할 수 있었다. ─ 후에 가서 마호메트가 기독교에서 유일하게 빌린 것은 무엇이었던가? 그것은 바울이 발명해낸 것, 사제의 독재와 사람을 가축으로 만드는 수단, 불멸에 대한 믿음 ─ 말하자면 '심판'의 교리였다……

43

삶의 중심을 삶 속에 두지 않고, 오히려 '피안'에 ─ 무(無, Nichts)에 ─ 옮겨 놓는다면, 이는 실로 삶에서 그 중심을 박탈해 버리는 것이 된다. 개인의 불멸에 관한 엄청난 거짓은 모든 이성과 본능에 있는 자연성을 파괴해 버린다. ─ 본능 속에 들어 있는 모든 유익한 것, 삶을 증진시키는 모든 것, 미래를 보장해 주는 모든 것이 이제는 불신을 일으킨다. 삶에는 더 이상 의미가 없다는 식으로 사는 것, 그것이 이제 삶의 '의미'가 되어 버린다…… 무엇 때문에 공공 정신을 가지며, 무엇 때문에 혈통과 조상에 대해 감사드리며, 무엇 때문에 협동하고, 신뢰하고, 전체의 복지를 증진하고 염두에 둘 것인가? …… 이런 것들은 모두 '유혹'이며, '올바른 길'로부터의 탈선이라는 것이다. — "한 가지가 필요하다"[63]는 것…… '불멸의 영혼'으로서 모두가 서로 동등하다는 것, 모든 전체 속에서 개개인의 '구원'만이 영구적으로 중요하다고 주장할 수 있다는 것, 보잘 것 없는 위선자와 광신자들 대다수가 자기들을 위해서 자연법칙도 부단히 깨뜨려진다고 상상해도 된다는 것 — 그런 식으로 온갖 이기주의가 끝도 없이 몰염치한 지경으로까지 커지는 것에 대해서는 아무리 경멸의 낙인을 찍어도 충분하지 않다. 그런데도 기독교는 이런 식으로 개인의 허영심에 가련한 아첨을 떠는 덕택에 승리를 구가하고 있다. — 바로 온갖 실패자들, 반항적 심성을 가진 자들, 제대로 처우 받지 못한 자들, 온갖 인간쓰레기들을 그런 식으로 설득시킨 것이다. '영혼의 구원' — 더 쉽게 말해 "세계가 나를 중심으로 돈다"는 것…… '만인을 향한 평등한 권리'라는 독소 교리를 기독교는 철저하게 전파해 왔다. 기독교는 인간과 인간 사이에 존재하는 존경심과 거리감에 맞서서, 즉 모든 문화의 상승 및 성장의 전제조건에 맞서서 저열한 본능의 가장 깊은 구석에서 사투를 벌여 왔다. — 기독교는 군중의 원한을 이용해 우리에게 맞서, 지상의 모든 고결하고 즐겁고 고귀한 것에 맞서, 지상에서 우리가 누리는 행복에 맞서 주요 무기를 만들어 냈다…… 모든 베드로 무리들, 모든 바울 무리들에게 허용된 '불멸'은 지금까지 고결한 인간성을 암살하려는, 가장 심각하고 악의적인 시도였다. — 그러므로 우리는 기독교에서 나와 정

---

63   이 말은 '누가복음' 10장 42절에 나오는 구절의 일부이다.

치에까지 스며들어간 그 나쁜 숙명을 경시해서는 안 된다! 오늘
날에는 아무도 특권이나 지배권을 주장하거나 자부심을 느끼고
자기와 같은 부류의 사람들에게 경외심을 — 거리(距離)의 파토스
(Pathos der Distanz)를 — 느낄 만한 용기를 가진 사람이 없다……
우리의 정치는 이러한 용기의 결여로 인해 병들어 있다! — 귀족
주의적 성향은 영혼의 평등이라는 기만으로 인해 땅속 깊은 곳
에 묻혀 버리고 말았다. 그리하여 만약 '다수의 특권'에 대한 믿
음이 혁명을 일으키고 계속 일으켜 나간다면 그것이 바로 기독교
라는 것을 그대들은 의심하지 말라! 그러한 모든 혁명을 피와
범죄로 바꿔 놓은 것이 바로 기독교적 가치판단이다! 기독교
는 드높은 것에 대항하여 땅을 기어 다니는 모든 자들이 일으키
는 반란이다. '낮은 자들'[64]을 위한 복음이 사람을 천박하게 만든
다……

44

— 복음서는 초기의 기독교 공동체 내부에서 이미 걷잡을 수 없게
된 부패상에 대한 증거로서 아주 귀중한 가치를 지니고 있다. 후
에 가서 바울이 율법 학자 특유의 논리적 냉소주의로 한 일은, 구

---

[64]　'누가복음' 14장 15 · 24절에 나오는 천국에 초대받은 가난한 자들, 낮은
자들에 대한 비유를 참조.

세주의 죽음과 더불어 시작된 붕괴의 진행 과정을 이룩한 것에 지나지 않았다. — 이러한 복음서들은 아무리 주의하여 읽어도 지나치지 않다. 한마디 한마디가 다 난점(難點)이다. 바로 그 때문에 그것들은 심리학자에게 — 그것들은 소박한 타락과는 정반대이고, 아주 세련되고, 예술의 반열에 오른 심리적 타락이다 — 최고로 재미있다는 사실을 내가 고백해도, 나를 나쁘게 생각하지 말기를 바란다. 복음서는 단연 독보적이다. 성경 일반은 어떤 비교도 용납하지 않는다. 우리가 유대인들 사이에 있다는 것, 이것이 우리가 여기서 문제의 실마리를 완전히 잃지 않기 위한 **첫 번째** 시점이다. 여기에서 '신성한 것'으로 자기를 위장한 천재성 (다른 어떤 책이나 누구도 결코 어깨를 겨룰 수 없다), 예술의 형태라 할 정도로 뛰어난 이런 언행의 위조는 어떤 개인의 소질이나 예외적인 천품에서 오는 우연적 소산이 아니다. 이 일에 바로 인종이 관여하고 있다. 신성한 거짓말의 기교로서 기독교는 유대교 전체, 수백 년 동안에 걸쳐 이루어진 아주 엄숙한 예행연습과 기술을 최후의 대가(大家)의 경지로 이끌었다. 이 같은 거짓의 **최종 전달자** (ultima ratio), 기독교도는 한 번 더 유대인인 것이다. — 심지어 세 번을 다시 생각해봐도 유대인이다…… — 그러한 개념들, 상징 그리고 사제의 실천에 의해 증명된 태도만을 적용하려는 근본적인 의지, 가치 있거나 유용한 것에 대한 어떤 다른 실천의, 어떤 다른 관점의 본능적 거부 — 이것은 단지 전통이 아니라 **유산(遺産)**이다. 유산으로서만 그것은 마치 자연처럼 작용할 것이다. 인류 전체가, 심지어 가장 뛰어난 시대의 가장 뛰어난 두뇌의 소유자마저 (아마 비인간적인 한 사람은 제외하고) 기만당해 왔다. 사람들은 복음서를 타락하지 않은 순수의 책으로 읽어 왔던 것이다…… 그거야말로 여기에서 어떤 대단히 교묘한 기만(欺瞞)이 자행되고 있었는지를 보여주는 명백한 암시다. — 물론, 만약 우리가 잠시라도 이런 모든 놀라운 위선자들과 기교적인 성자들을 직시한다면 그들은 끝장나고 말 것이다. — 내가 그들을 끝장낸다고 하는 이유는, 정확하게 나는 몸짓을 보지 않고는 어떤 말도 그냥 읽지 않기 때문이다…… 나는 그들이 하늘을 향해 눈을 뜨는 방식을 도저히 견딜 수 없다. — 다행히도 대다수 사람들에게 책은 그저 문헌일 뿐이다. — 바보가 되어서는 안 된다. 그들은 '판단하지 말라'[65]고 말하면서, 자신들에게 방해가 되는 것은 모두 지옥으로 보내 버린다. 그들은 신으로 하여금 심판자가 되게 함으로써 그들 스스로가 심판자가 되고, 신을 찬미함으로써 그들 스스로를 찬미한다. 그들은 자신들이 행할 수 있는 덕 — 그것도 오직 자신들의 우위를 지키는 데 필요한 덕을 요구함으로써, 마치 그들이 덕을 위해서, 덕이 지배하도록 하기 위해서 싸우는 듯이 대단한 행세를 한다. "우리는 선(— '진리'와 '빛'과 '신의 나라')을 위해서 살고, 죽으며, 희생한다"는 것이다. 그러나 사실상 그들은 자신들이 실패할 수 없는 일을 하고 있을 뿐이다. 그들은 아첨하는 자들처럼 행동하고, 구석진 곳에 가 웅크리고 앉고, 음침한 데서 음침한 생활을 하

---

65   '누가복음' 6장 37절에 나오는 "판단하지 말라, 그러면 너희도 판단 받지 않을 것이며, 징죄하지 말라, 그러면 너희도 정죄 받지 않을 것이다"라는 구절을 참조.

면서, 그렇게 하는 것을 자신들의 의무로 삼는다. 의무감에서 그들의 삶은 순종으로 나타나며, 순종적인 그들의 삶은 또 다시 신앙심을 증명하는 것이 된다…… 아, 이런 순종, 순결, 동정심을 보이는 기만이라니! "덕 자체가 우리의 증인이 되어야 한다"…… 복음서가 도덕을 수단으로 사람들을 유혹하는 책이라는 것을 알고 읽어야 한다. 도덕이 이러한 보잘것없는 무리들에 의해 억류당하고 있는 것이다. ― 이들은 무엇을 도덕에 의지해야 할지 알고 있다! 인류는 도덕으로 가장 심하게 **우롱**을 당하고 있다! ― 이 경우 사실은, 가장 의식적인 **선민**의 오만함이 여기서 겸양을 가장하고 있다. 사람들은 **그들 스스로**를, '교회 공동체'를, 그리고 '선한 자와 의로운 자들'을 단연 한쪽에, '진리'의 쪽에 두고 ― 나머지 하나, '세계'를 다른 쪽에 놓은 것이다…… **이러한 일이야말로** 이제껏 지상에 존재했던 것 중 가장 끔찍한 형태의 과대망상이었다. 실패작들인 보잘것없는 위선자와 거짓말쟁이들이 자신들을 이 '세계'와 구별하려고 '신', '진리', '빛', '정신', '사랑', '지혜', '삶' 같은 개념들을 독점하여, 마치 그것들이 그들과 동의어라도 되는 것처럼 주장하기 시작했다. 각종 정신병원에 수용되어야 할 정도로 정신 나간 그 최상급의 시시한 유대인들은 마치 기독교도만이 세상의 의미이고, 소금이고, 척도이며, '**최고 법정**'이라도 되는 듯이 자신들의 구미에 맞게 나머지 모든 것의 가치를 왜곡시켜 버렸다…… 그 모든 끔찍한 것은 과대망상과 관련된, 인종적으로 관련된 형태가 이 세상에 이미 유대인 형태로 존재한다는 사실만으로도 가능하였다. 그런데 유대인과 유대적 기독교도 사이에 일단 틈이 벌어지기 시작하자, 후자로서는 유대적 본능이 자극하는 대로 따랐던 자기보존의 방책을 바로 유대인을 상대로 사용할 할 수밖에 없었다. 유대인들은 이제까지 그런 절차들을 모든 비유대인들을 상대로 사용해 왔었다. 기독교도는 그저 '좀 더 자유로운' 신조를 지닌 유대인에 불과한 것이다. ―

45

― 이런 시답잖은 무리들이 자기네 머리에 집어넣었던 것, 그들이 자기네 스승의 입으로 말하게 했던 것 중에서 나는 몇 가지 예를 들어 보겠다. 순전히 '아름다운 영혼'의 고백들. ―

"그리고 너희를 영접하지 않거나 너희 말을 듣지 않는 고장이 있거든, 그곳을 떠나면서 그들에게 경고의 표시로 너희의 발에서 먼지를 털어 버려라. 진정으로 내가 너희에게 이르니, 최후의 심판의 날에 이르면 저런 고장보다 오히려 소돔과 고모라가 더 견디기 쉬우리라."('마가복음' 6장 11절) ― 얼마나 **복음적인가**!……

"또 나를 믿는 이런 어린아이들 가운데 하나를 실족케 하는 자는 연자 맷돌을 7의 목에 걸어 바다에 빠뜨리는 것이 더 나으니라.('마가복음' 9장 42절) ― 얼마나 **복음적인가**!……

"만약 네 눈이 너로 하여금 죄를 짓게 하거든, 그 눈을 빼어 버려라. 두 눈을 가지고 지옥에 들어가는 것보다, 한 눈을 가지고서 하나님의 나라에 들어가는 편이 나을 것이다. 거기서는 구더기도

죽지 않고 불도 꺼지지 아니 하느니라." ('마가복음' 9장 47절) — 단
순히 눈만 가지고 이야기하는 것이 아니다……

"내가 진실로 너희에게 이르니, 여기 서 있는 사람 중에 죽기
전에 하나님의 나라가 권능으로 임하는 것을 보는 사람들도 있을
것이다." ('마가복음' 9장 1절) — 얼마나 근사한 거짓말인가, 사자(獅
子)여……66

"누구든지 나를 따르려는 사람은 자기를 부인하고, 자기 십자
가를 지고서 나를 따라야 한다. 왜냐하면……" (한 심리학자의 주석. 기
독교 도덕은 '왜냐하면'을 말할 때마다 스스로를 반박한다. 그것의 '이유'가
반박한다. — 바로 이것이 기독교적인 것이다.) ('마가복음' 8장 34절). —

"남을 비판하지 말라. 그러면 너희도 비판받지 않을 것이다. 남
을 저울질하면 그대로 너희도 저울질 당할 것이다. ('마태복음' 7장 1
절) — '정의의' 심판자에 대한 이 무슨 정의의 개념인가!……

"너희를 사랑하는 사람만 너희가 사랑한다면 무슨 보상이 있겠
느냐? 세리들도 그만큼은 하지 않겠느냐? 또 너희가 너희 형제에
게만 친절하다면 남보다 더 나을 것이 무엇이냐? 이방인도 이만큼
은 하지 않겠느냐? ('마태복음' 5장 46절) — '기독교적 사랑'의 원

---

66   사자(獅子)는 여기서 '마가복음'을 쓴 '마가(Marko)'를 가리키고 있다. 그러
나 이것은 그가 한 말이 진실이라기보다는, 사자처럼 크게 소리치지만 사실은
그 말이 허풍스러운 거짓말이라는 것을 빗대어 부른 것이다. 여기서 니체는 '마
가복음'의 구절들을 여러 개 인용하며 비판하고 있는데, 그것은 특히 마가가 예
수의 제자도 아니었고 예수의 사건을 직접 목격한 인물도 아니었으며, 단지 예
수의 제자였던 베드로에게서 예수의 행적에 대해 전해들은 것을 기록했기 때
문에, 그 기록의 신빙성을 더욱 의심하고 있는 것이 아닌가 추측된다.

리. 결국에 가서 그들은 잘 **보상받기**를 원하는 것이다……

"너희가 남의 잘못을 용서하지 않으면 하늘에 계신 너희 아버지께서도 너희를 용서하지 않으시리라."('마태복음' 6장 15절) — 그 '아버지'라는 분의 명예를 진정 실추시키고 있다……

"너희는 먼저 하나님의 나라와 하나님께서 의롭게 여기시는 것을 구하여라. 그러면 이 모든 것도 곁들여 받게 될 것이다."('마태복음' 6장 33절) — 이 모든 것이란 양식, 의복, 생활에 필요한 모든 것을 말한다. 겸손히 표현하자면 이것은 **오류이다**…… 이 말의 바로 조금 전에 신은 재봉사로 등장했던 것이다,[67] 적어도 어떤 경우에는……

"그 날에 너희는 기뻐하고, 기뻐 날뛰라. 보라, 이는 하늘에서 너희가 받을 상이 크기 때문이라. 저희 조상들도 선지자들에게 이와 같이 하였느니라!"('누가복음' 6장 23절) — **파렴치한 천민들 같으니!** 그들은 이미 스스로를 선지자들과 비교하고 있는 것이다……

"너희가 하나님의 성전(聖殿)인 것과 하나님의 성령이 너희 안에 머무시는 것을 알지 못하느냐? 만약 누구든 하나님의 성전을 파괴하면 하나님께서도 그 사람을 멸하시리라. 이는 하나님의 성전은 거룩하며, 너희는 그 성전이기 때문이니라."('고린도전서' 3장 16절 ~ 17절) — 이와 같은 일은 아무리 경멸해도 지나치지 않

---

67   '마태복음' 6장 28절에 나오는 "또 어찌하여 너희는 입을 옷에 대해서 염려하느냐? 들판의 백합화가 어떻게 자라는지 유의해 보라. 그것들은 수고도 아니 하고 길쌈도 하지 않느니라"라는 구절을 참조.

다……

"너희는 성도(聖徒)들이 세상을 심판하리라는 것을 알지 못하느냐? 세상이 너희에게 심판을 받을 것인데, 너희는 더 작은 일들을 판단하기를 감당하지 못하느냐?"('고린도전서' 6장 2절) — 유감스럽게도 이것은 단순히 정신병자의 헛소리만은 아니다…… 이 무서운 거짓말쟁이는 계속해서 말한다. "너희는 우리가 천사들을 심판하게 되리라는 것을 알지 못하느냐? 그런 우리가 세상의 일들을 심판할 역량도 없는 것이냐?……"

"하나님께서 이 세상의 지혜를 어리석게 만들지 않으셨느냐? 세상은 그 지혜로 하나님의 지혜를 알지 못하였기에, 하나님께서는 우리가 소위 어리석다고 하는 복음을 통해서 그것을 믿는 자들을 구원하시기를 기뻐하셨느니라. 부르심을 받은 사람들 가운데 육체에 의거해서 지혜로운 자, 유력한 사람, 또는 가문이 좋은 사람은 많지 아니하니라. 오히려 세상의 어리석은 것을 하나님께서 선택하심은 지혜로운 자들을 부끄럽게 하시려는 것이요, 세상의 약한 것을 **선택하심**은 강한 것을 부끄럽게 하시려는 것이다. 또한 유력한 것을 무력하게 하시려고 하나님은 세상에서 보잘것없는 것과 멸시받는 것, 곧 하찮은 것을 선택하셨으니, 이는 있는 것을 없는 것으로 만드시기 위함이라. 그러니 육신을 가진 사람으로서 아무도 하나님 앞에서 자랑하지 못하게 되리라."('고린도전서' 1장 20절 이하) — 찬다라 도덕의 심리에 관한 최상의 증거가 들어 있는 이 구절을 이해하려면 나의《도덕의 계보학》첫 장을 읽어보라. 거기에는 **고결한** 도덕과, 원한이나 성나서

어쩔 줄 모르는 복수심에서 나온 찬다라 도덕과의 대조가 비로소 분명하게 나타나 있다. 바울은 모든 복수의 사도 중에서 가장 거물이었다……

46

— 그 일의 결과는 무엇인가? 《신약성경》을 읽는 경우에는 손장갑을 끼는 편이 좋다. 그렇게나 불결한 것을 가까이 하려면 그렇게 하지 않을 수 없다. 우리는 폴란드 계 유대인과 교제하고 싶은 마음이 별로 없듯이, '초기의 기독교도들'과도 교제하는 것을 별로 좋아하지 않는다. 굳이 그들에게 반박할 필요가 있어서가 아니다…… 양쪽 다 별로 좋지 않은 냄새를 풍긴다. — 나는 《신약성경》에서 단 한 가지라도 공감이 가는 대목이 있지 않을까 알아내려 했으나 허사였다. 그 안에는 자유롭다거나, 너그럽다거나, 허심탄회하거나, 솔직한 것은 하나도 없다. 여기서는 인간적인 요소가 아직 시작조차 되지 않고 있다 — 청결함에 대한 본능이 결여되어 있다…… 《신약성경》에는 오로지 나쁜 본능들만 들어 있을 뿐이지, 이러한 나쁜 본능에 대항하는 용기조차 없다. 그 안에 있는 것들은 모두 다 비겁하고, 모든 것이 눈을 감고 있으며, 모든 것이 다 자기 기만이다. 《신약성경》을 읽고 나면, 다른 책들은 모두 깨끗해 보인다. 예를 들자면, 나는 바울을 읽고 난 후에 곧바로 조롱꾼들 중 가장 기품 있고 매력적인 페트로니우스

(Petronius)[68]를 아주 즐겁게 읽었을 정도다. 페트로니우스에 대해서는 도메니코 보카치오(Domenico Boccaccio)가 파르마 공작에게 보낸 편지 가운데, 체사레 보르자(Caesare Borgia)[69]에 대해 — 불사조처럼 건강한, 불멸의 쾌활성, 튼튼한 기질을 지닌 — "축제 그 자체(è tutto festo)"라고 했던 말을 그대로 사용해도 괜찮을 것이다…… 그런데 이 보잘것없는 불평가들은 핵심을 잘못 집고 있다. 그들이 공격은 하지만, 모든 것이 그들에게 공격을 받고 있을 때 탁월해진다. '초기의 기독교도'에게서 공격받는다고 해서 누구도 더럽혀지지는 않는다…… 오히려 반대로, '초기의 기독교도'를 적으로 두고 있다는 것은 명예가 된다. 《신약성경》을 읽으면, 부당하게 취급당하는 것에 애착이 갈 수밖에 없다. — 한 뻔뻔스러운 거짓말쟁이가 "어리석은 설교"를 통해 비방하려 했던 "이 세상의 지혜"는 — 비록 어떤 효과도 없었지만 — 더 말할 나위가 없다…… 그런데 바리새인과 율법학자들조차 그런 적대

---

68   페트로니우스(Gaius Petronius, ? ~ 서기 66년경): 고대 로마의 풍자 작가로, 당시 사회의 여러 현상을 그 특유의 조소와 우울을 가미하여 자유분방하게 묘사하였다.

69   Caesare Borgia(? ~ 1507): 르네상스 시대의 로마 교황 알렉산더 6세(재위: 1492 ~ 1503)의 사생아이다. 이 교황은 세속주의에 빠져서 교황이 되기 전후에 걸쳐 부도덕하고 문란한 생활을 계속했는데, 그의 아들 체자레도 마찬가지였다. 아버지의 후광 덕택에 일찍부터 교회와 정계 분야에서 두각을 나타내 추기경이 되었으나 사임하고, 프랑스의 루이 12세로부터 발렌티노 공작의 작위를 받았다. 그는 자신의 권력을 위해서 정적들을 무자비하게 암살하는 등의 악행을 저질렀으나, 아버지의 사망 이후 급속히 권력을 상실하고 결국 31세에 죽임을 당했다.

관계로 인해 이득을 보았으니, 그들도 그러한 무례한 증오를 불어 넣을 정도로 가치 있는 일을 했었던 게 틀림없다. 위선적인 짓거리 — 이것은 "초기의 기독교도들"이 퍼붓곤 하던 비난의 말이었을 것이다! — 결국 비난 받던 사람들은 **특권층**이었다. 그것만으로도 충분했다. 찬다라적 증오는 더 이상 무슨 이유가 필요 없다. '초기의 기독교도'는 — 아마 내가 **살아생전에 보게 될** '**최후의 기독교도**'도 역시 그렇지 않을까 염려되지만 — 특권을 가진 모든 사람들에게 가장 저열한 본능으로 대항하는 반항자이다. — 그는 언제나 '**평등의 권리**'를 위해 살고 투쟁한다!…… 좀 더 자세히 살펴보면 그에게는 다른 선택이 없다. 누군가 자기 나름대로 "신이 선택한 자"가 되거나 — 또는 "신의 성전(聖殿)"이나 "천사들의 심판자"가 되기를 원하면 —, **다른 모든 선택의 원리**, 예를 들어 정직함, 정신성, 남성다움과 긍지, 마음의 아름다움과 자유, 간단히 말해 세속적인 원리는 — **악 그 자체**가 된다…… 도덕. '초기 기독교도'의 입에서 나오는 말은 모두가 거짓이고, 그가 하는 행동은 전부 본능적인 허위이다. — 그의 모든 가치, 그의 모든 목표는 해롭다. 그러나 그가 증오하는 자, 그가 증오하는 것, 이것**들은 가치를 지닌다**…… 기독교도, 특히 기독교도의 사제는 가치의 기준이 된다. —《신약성경》을 통틀어서 존경할 만한 인물이 딱 한사람만 등장한다는 것을 내가 꼭 말할 필요가 있겠는가? 바로 로마의 총독 빌라도(Philatus)[70]이다. 유대인 문제를 진지하게 받아

---

70   빌라도(Pontius Pilatus, 재임: 서기 26 ~ 36)는 초기 고대 로마제국 시대에 유다

들이는 것 — 그런 일을 하도록 그는 설득당하지 않았다. 유대인 한 명이 더 있든 없든 — 그게 무슨 대수인가? '진리'라는 말이 자기 앞에서 뻔뻔스럽게 잘못 사용되었을 때, 한 로마인이 보여준 고상한 조소는《신약성경》을 풍부하게 만들어준 유일하게 가치를 지닌 말이었다. — 그것은《신약성경》에 대한 비판, 심지어 그것의 파괴이기도 했던 말, "진리란 무엇이냐!"라는 말이었다……

47

— 우리의 견해가 다른 것은 우리가 역사 속에서나 자연 속에서, 또는 자연의 배후에서 아무런 신을 인식할 수 없기 때문이 아니라 — 오히려 지금까지 신으로 숭배되어 오던 것이 '신 같지 않고', 가련하고, 불합리하고, 해롭다고 느끼기 때문이다. 단순한 오류가 아니라 삶을 거스르는 범죄라는 것을 말이다…… 우리는 신이 신이라는 것을 부정한다…… 만일 이 기독교도의 신의 존재를 우리에게 증명해준다 하더라도, 우리가 그 신을 믿어야 할지는 더더욱 모르는 일이다. — 정식으로 표현자면 "바울이 창

지방의 총독이었던 인물로, 그의 재임 당시 유대인에 의해 예수 그리스도가 고소를 당하자 그에게 십자가형을 내렸다. 예수가 빌라도에게 심문을 받던 당시에 "나는 오직 진리를 증언하려고 났으며 진리 때문에 세상에 왔다. 진리 편에 선 사람은 내 말을 귀담아 듣는다"라고 대답하자, 빌라도는 도대체 "진리가 무엇이냐"고 되묻는다. ('요한복음' 18장 38절 참조).

조해 낸 신은, 신의 부정(否定)이다(Deus, qualem Paulus creavit, dei negatio)." ─ 기독교와 같은 종교, 조금도 현실성이 없고 단 한 군데서라도 현실성을 인정하자마자 곧바로 무너지는 종교는 '이 세상의 지혜', 다시 말해 과학에 대해서 도덕적으로 적의를 지닐 수밖에 없다. ─ 그런 종교는 정신의 훈련, 정신적인 양심 문제에 있어서의 순수성과 엄격성, 정신의 고결한 냉정성과 자유로움에 해를 끼치고, 비방과 악평을 받게 하는 모든 수단을 좋다고 할 것이다. '신앙'의 명령은 과학에 대한 부인(否認)이며 ─ 실제로는 어떤 대가도 개의치 않는 거짓말이다…… 바울은 그 거짓말을 ─ 즉 '믿음'이 필요하다는 것을 이해하고 있었다. 그리고 나중에 가서 교회도 바울을 이해했다. ─ 바울이 스스로 만들어낸 신, '이 세상의 지혜'(정확하게, 모든 미신에 맞서는 두 개의 가장 큰 적인 문헌학과 의학)를 '욕하는' 신은 사실 그렇게 만들려는 바울 자신의 단호한 결심에 지나지 않는다. 자기 자신의 의지를 '신', 토라(Thora)[71]라고 부르는데, 이것이 원래 유대적인 것의 핵심이다. 바울이 원하는 것은 모든 '이 세상의 모든 지혜'를 욕하는 것이다. 그의 적은 알렉산드리아에서 교육을 받은[72] 훌륭한 문헌학자와 의사들이

---

71   토라(Torah): 일반적으로 '토라'는 히브리어로 '가르침'이라는 뜻인데, 다른 의미로 유대교의 율법서를 가리킨다. 유대교의 경전인 《구약성경》은 율법서인 토라와 예언서 그리고 성문서로 구성되어 있으며, 그중 토라는 모세 오경인 '창세기', '출애굽기', '레위기', '민수기', '신명기'를 가리키지만, 히브리어의 '토라'는 구약(舊約) 전체를 가리키는 말로 사용되기도 한다.

72   기원전 3세기경부터 이집트 북부의 도시 알렉산드리아에서는 학문이 크게 번성하였다.

다. — 그들에게 그는 싸움을 걸고 있는 것이다. 사실 **반기독교도**(Antichrist)가 되지 않고서는 문헌학자와 의사가 될 수 없다. 문헌학자라면 소위 '성스러운 책들'의 배후를 보게 되고, 의사라면 전형적인 기독교도의 생리적인 타락의 배후를 보게 되기 때문이다. 그것을 보면 의사는 '불치'라고 진단하고, 문헌학자는 '사기'라고 말할 것이다……

48

— 사람들은 성경의 맨 처음에 나오는 그 유명한 이야기를 정말로 이해했던 것일까? — 지식을 엄청나게 두려워한 그 신에 관한 이야기 말이다……[73] 사람들은 그 이야기를 이해하지 못했었다. 대단히 뛰어난 이 사제적인 책은, 사제의 커다란 내면적 곤란에서부터 시작하고 있다. 즉 그에게는 오직 하나의 커다란 위험이 있으니, **결과적으로 신에게도 오직 하나의 커다란 위험이 있는 것이다. —**

온통 '정신'이고, 온통 높은 성직자이며, 온통 완전성인 그 늙은 신은 자신의 정원을 거닐고 있었다. 그는 지금 오직 권태로워하고 있었다. 권태로움을 이겨 보려고 신들조차도 부질없는 싸움

---

73   《구약성경》의 첫 장인 '창세기'에서 신이 아담과 이브에게 '지식'의 열매를 절대로 따먹지 못하게 명령하는 장면을 말한다.

을 한다. 그는 무엇을 하는가? 그는 인간을 발명한다. ― 인간은 재미있다…… 그런데 보라, 인간조차도 권태로워하고 있다. 모든 낙원을 통틀어 오직 유일한 그 어려움에 대하여 신은 말할 수 없는 연민을 느낀다. 곧바로 신은 다른 동물들도 만들어 낸다. 그것이 신이 저지른 **최초의** 실수였다. 인간은 그 동물들이 재미있다고 생각하지 않은 것이다. ― 인간은 동물을 지배했다. 인간은 '동물'이 되기를 원하지 않았다. ― 그래서 신은 여자를 만들었다. 그러자 이번에는 권태롭던 것이 끝났다. ― 그러나 다른 일도 끝나 버리고 말았다! 여자는 신이 저지른 두 번째 실수였다. ― '여자는 본질적으로 뱀이며 하와(이브)이다' ― 사제라면 누구나 그 사실을 안다. '세상의 모든 악은 여자로부터 나온다' ― 사제라면 누구나 그 사실도 안다. '따라서 **지식도** 역시 여자로부터 나온다'…… 여자를 통해서 비로소 남자는 지식의 나무를 맛보는 법을 배운 것이다. ― 무슨 일이 일어난 것일까? 그 늙은 신은 엄청난 두려움에 사로잡혔다.[74] 인간이라는 것 자체가 신이 저지른 최대의 실수였다. 신이 스스로 자신의 경쟁자를 만든 셈이 되었고, 지식은 인간을 **신과 대등하게** 만들어 준다. ― 인간이 지식을 갖게 되면 사제들과 신들은 끝장나고 만다! ― 그래서 나온 도덕인즉, 지식 자체가 모든 금지 중의 금지가 된 것이다. ― 오직 그것만이

---

74   이것은 《구약성경》의 '창세기' 첫 장을 보는 시각을 니체가 완전히 바꾼 것이다. 즉 지식을 금한 것을 인간에 대한 신의 배려의 관점에서가 아니라, 지식에 대한 신의 '두려움'의 관점에서 본 것이다. 그런 경우에는 지식과 원죄(原罪)에 대한 시각도 완전히 달라질 수 있을 것이다.

금지된다. 지식이야말로 **최초의 죄악**이며, 모든 죄악의 씨고 원죄다. 단 한 가지 도덕은 '너는 알지 말라'는 것이다. ─ 그 밖의 것은 그 결과에 불과할 뿐이다. ─ 신은 엄청난 불안을 느꼈지만 영민함에 지장을 받지는 않았다. 어떻게 하면 지식으로부터 자신을 보호할 수 있을까? ─ 그것이 오랫동안 신의 중요한 문제였다. 해답인즉, 인간을 낙원에서 쫓아버려라! 행복과 한가로움은 생각을 하게 만든다, ─ 생각이란 모두 다 나쁜 생각이다⋯⋯ 인간은 생각해서는 안 된다. ─ 그리하여 '사제적 본성'은 고난, 죽음, 임신의 치명적 위험, 각종 불행, 노쇠, 비참함, 그리고 특히 **질병**을 생각해 냈다. ─ 이것은 모두 오직 지식과 싸우기 위한 수단들이었다! 고난은 인간에게 생각할 시간을 **허용하지** 않는다⋯⋯ 그럼에도 불구하고! 끔찍하다! 지식의 사업이 높이 솟구쳐 올라 하늘을 뒤흔들고 신성에까지 접근해오고 있었다. ─ 어떻게 해야 하나? ─ 늙은 신은 **전쟁**을 생각해 내고, 민족들을 갈라놓고, 인간들끼리 서로 죽이게 했다. (─ 사제들에게는 늘 전쟁이 필요하다⋯⋯) 전쟁이야말로 모든 것 중에서 가장 지식을 교란시키는 것이다! ─ 믿기지 않는다! 지식이, **사제로부터의 해방**이 전쟁에도 불구하고 증대해 가고 있다. ─ 그러자 늙은 신에게는 다음과 같은 최후의 결심이 선다. "인간은 지식을 갖게 되어 버렸다. 어쩔 수 없다. 부득이 인간을 물로 멸망시켜버려야 한다!"⋯⋯

49

— 이것으로써 사람들은 나를 이해했을 것이다. 성경의 발단은 사제의 심리 전체를 포함하고 있다. — 사제가 알고 있는 큰 위험은 오직 한 가지이다. 그것은 바로 지식, 원인과 결과에 대한 건전한 개념이다. 그러나 지식이란 대체로 호의적인 상황에서만 번성하는 것이다. — '인식'하기 위해서는 여분의 시간과 정신이 있어야 한다. — "결국 인간을 불행하게 만들어야 한다"는 것이 어느 시대나 한결같이 사제들의 논리였다. — 이러한 논리에 맞춰 무엇이 비로소 이 세상에 나왔는지에 대해서 여러분은 이미 짐작이 갈 것이다. — 그것은 바로 '죄악'이었다…… 죄와 벌의 개념, '도덕적 세계 질서'라는 것 전체가 지식에 대항하기 위해 생각해낸 것이다. — 인간들이 사제로부터 벗어나지 **못하게** 하기 위해서 말이다…… 인간은 자신의 바깥 세계를 돌아보아서는 안 되고, 자기만 들여다보아야 한다는 것이다. 인간은 영민하고 신중하게 사물을 통찰하여 배움을 얻어서는 안 되고, 아예 사물을 봐서도 안 된다는 것이다. 인간은 **고통을 받아야** 한다…… 그것도 언제나 고통을 받아 사제가 필요해져야 한다. — 의사를 제거하라! 인간에게는 **구세주가 필요**하다. 그러나 '은총'과 '속죄', '용서'의 교리를 포함하고 있는 죄와 벌의 개념은 (철두철미 거짓말이며, 전혀 심리학적 현실성도 없는 것으로) 원인에 대한 인간의 **감각**을 말살하기 위해 만들어졌을 뿐이다. 그런 것들은 인과관계라는 개념에 가하는 테러인 것이다. — 물론 주먹이나 칼, 또는 솔직하게 사랑이나 증오에

서 행하는 테러는 아니다! 그것은 가장 비겁하고, 가장 교활하고, 가장 비열한 본능에서 나온다! 사제의 테러! 기생충의 테러! 지하의 창백한 흡혈귀!…… 어떤 행위의 자연적 결과가 더 이상 '자연적'인 것으로 여겨지지 않고, 대신에 유령의, 미신의 개념들에, '신'에, '영(靈)'에, '영혼'에 의해 나온 것으로 생각되면, 교화(教化)의 수단으로서 보상, 벌, 경고처럼, 마치 배타적으로 '도덕적' 결과로서 생각되면, 그때는 지식의 전제조건은 파괴되어 버리고, 인간에게 가장 큰 범죄를 저지르게 된다. — 다시 말하자면, 죄악, 인간의 최고의 자기모욕 형식은 지식, 문화, 인간의 모든 고양과 고귀함을 불가능하게 하려고 발명된 것이다. 죄악을 발명함으로써 사제는 지배하고 있는 것이다. —

50

— 이 자리에서 나는 '신앙'과 '신앙을 가진 자'의 심리학에 대하여 언급하고자 한다. 당연한 일이지만 바로 그 '신앙을 가진 자들'을 위한 것은 아니다. 만약 오늘 '믿는다는 것'이 얼마나 품위 없는 짓인지 모르는 사람들이라도 — 혹은 데카당스의 표시이며 무너진 삶의 의지의 표시인지를 모르는 사람들이 있다 — 내일에 가서는 그들도 그것을 알게 될 것이다. 나의 목소리는 귀가 안 좋은 사람들에게도 들릴 것이다. — 내가 달리 잘못 들은 게 아니라면, 기독교도들 사이에는 '효력의 증거(Beweis der Kraft)'

라고 하는, 일종의 진리의 기준이 있다. 즉, '믿으면 복을 받는다. 그래서 믿음은 진실하다'는 것이다. — 이 경우에 복 받는다는 것은 입증된 것이 아니라 **약속된** 것일 뿐이라는 것, 다시 말해 복 받는 것은 '믿어야 한다'는 것과 관련된다는 논리에 대해 우리는 우선 반박할 수 있을 것이다. — 믿기 때문에 장차 복을 받게 된다는 식인데…… 그러나 아무리해도 뜻대로 접근할 수 없는 어떤 '피안'을 사제가 신도에게 약속한 것이 실제로 이루어진다고 어떻게 입증할 수 있을까? — 소위 그 '효력의 증거'란, 사실은 믿음을 조건으로 해서 약속한 결과가 틀림없이 나타나리라는 것을 또 다시 믿는 것에 불과하다. 간단히 말하자면, '나는 믿음이 사람들에게 축복을 준다는 것을 믿는다. — **따라서** 믿음은 진실하다'고 할 때 — 그러나 이렇게 되면 우리는 막다른 곳에 다다르게 된다. 이 '따라서'는 진리의 기준으로는 전혀 이치에 맞지 않는다. — 그러나 설령 일부 양보해서 믿으면 복 받는다는 사실이 입증되었다고 하자(— 즉 그냥 바람으로 끝나거나 어딘가 미심쩍은 사제의 입으로 그냥 약속된 것이 아니라고 하자). 그런 경우에, 축복 받은 상태, — 더 전문적으로 말하자면 **기쁨**(Lust)의 상태는 — 과연 진실의 증거가 될 수 있을까? 아니, 오히려 "무엇이 진실인가?"라는 물음에 대하여 기쁨의 감정이 간섭하고 든다면, 그것은 거의 반대의 증거를 제시하는 셈이며, 어떻든 간에 '진리'에 대하여 최고의 의심을 일으킬 정도가 될 것이다. '기쁨'에 의한 증거는 기쁨에 대한 증거일 뿐 — 그 이상은 아닌 것이다. 도대체 세상에서 **진실한** 판단이 거짓된 판단보다 더 많은 기쁨을 주고 예정조화(豫程調和)[75]에 따라 필연적으로 기쁨의 감정을 수반한다고 언제 확립되기라도 했는가?

— 모든 준엄한 정신, 모든 심오한 정신을 지닌 사람들이 겪은 경험은 그 반대의 것을 가르쳐 주고 있다. 사람들은 진리로 향한 길을 한 걸음 한 걸음 분투해서 획득해가야만 했었고, 이를 위해 삶에서 우리의 심정, 우리의 애정과 신뢰가 의존하고 있는 모든 것을 희생해야만 했었다. 그래서 필요한 것이 영혼의 위대함이다. 진리에 봉사하는 것이야말로 가장 어려운 봉사이기 때문이다. 그런데 정신적인 사안에 있어서 성실하다는 것은 무엇을 의미하는가? 그것은 스스로의 심정에 대해 준엄하다는 것, 단순히 '아름다운 감정'을 경멸한다는 것, 긍정하고 부정하는 모든 일을 일종의 양심의 문제로 만든다는 것을 의미한다……. 믿으면 복을 받는다는 것은 따라서 거짓말이다…….

51

어떤 경우에는 신앙이 축복이 된다는 것, 축복으로는 고정관념을

---

75   예정조화(豫定調和)는 독일의 철학자 라이프니츠(G.W.F. Leibniz)의 중심사상이다. 그의 형이상학에서는, 우주 속에는 모든 존재의 기본적 실체인 모나드(monade)가 저마다 독립적이고 서로 아무 인과관계 없이 존재하지만, 이 모나드들의 본성이 서로 조화를 이루어 우주의 질서가 유지되도록 신(神)이 미리 정하여 그것들을 창조했다고 보고 있다.

진정한 관념으로 바꾸지 못한다는 것, 믿음은 어떤 산도 옮기지는 못하지만 전혀 산이 없는 곳에는 산을 솟아오르게 할 수도 있다는 것,[76] 이러한 것들은 **정신병원**을 잠시만 들러보아도 그 내용을 충분히 알 수 있다. 물론 사제들은 그렇지 않다. 왜냐하면 사제는 병이 병이라는 사실을, 정신병원이 정신병원이라는 사실을 본능적으로 부정하기 때문이다. 기독교는 병을 필요로 한다. 헬레니즘이 넘치는 건강을 필요로 했던 것과 같다. — 병들게 하는 것이 교회의 구원제도 전체의 은밀한 본래의 취지인 것이다. 그러니 교회 그 자체가 — 가톨릭적 정신병원을 궁극적인 이상으로 삼지않는가? — 지구 전체를 거대한 정신병원으로 삼지않는가? — 교회가 바라는 이러한 종류의 종교인은 전형적인 데카당스다. 종교적 위기가 한 민족을 지배하는 시대에는 언제나 신경병이 창궐하는 특징을 보인다. 종교인의 '내면세계'는 지치거나 아주 흥분한 인간의 '내면세계'와 혼동하리만큼 아주 유사해 보인다. 기독교가 인류 위에 최고의 가치라면서 내건 '최고의' 상태라는 것은 정신병적인 형식들이다. — 교회가 신의 커다란 명예를 위해(in majorem dei honorem) 신성시해 왔던 유일한 민족은 미치광이들이나 대단한 사기꾼들이었다…… 나는 일찍이 기독교의 참회 및 **구원 훈련** 전체(이는 오늘날 영국에서 가장 잘 연구되고 있다)를 **주기적인 광기**(folie circulaire)라고 감히 부른 바 있다. 물론 이는 이미 준비된

---

76   '고린도전서' 13장 2절에 쓰인 "내가 예언하는 능력이 있어 모든 신비와 모든 지식을 알고 또 신을 옮길 만한 믿음이 있더라도, 사랑이 없으면 나는 아무것도 아니다"라는 구절을 참조.

토양, 다시 말해 철저히 병적인 토양 위에서 조직적으로 생겨난 이후의 일이다. 아무나 기독교도로 '개종하는' 것이 아니다. ― 기독교도가 되려면 충분히 병들어 있어야 한다…… 우리 같이 다른 종류의 인간들, 건강을 지닐 용기도, 경멸할 용기도 있는 우리들은 육체에 대해 잘못 생각하도록 가르치는 종교를 얼마나 경멸하는가! 영혼의 미신을 떨쳐버리려 하지 않는 종교를! 영양부족 상태를 무슨 '공적(功績)'이라도 되는 듯이 자랑하는 종교를! 건강을 적으로, 악마로, 유혹으로 보고 대적하는 종교를! 죽어 썩은 육신 속에도 '완전한 영혼'을 계속 지닐 수 있다고 믿고, 그러기 위해 '완전함'이라는 새로운 개념을, 소위 '거룩함'이라는 창백하고 병든 백치 같은 광신적 상태를 만들어낼 필요가 있는 종교를 말이다! ― 거룩함이라는 것 자체는 피폐하고 쇠약하고 치유가 불가능하리만큼 부패한 육체의 증후군에 불과한 것이다…… 하나의 유럽적 운동으로서의 기독교운동은 처음부터 온갖 종류의 불량하고 쓰레기 같은 요소들이 모여서 벌린 집단운동이었다. (― 이러한 것들이 기독교를 통해 권력을 획득하려 하는 것이다.) 그것은 어느 한 민족의 몰락을 표현하고 있는 것이 아니다. 그것은 도처에서 서로를 찾고 함께 옹송그리며 모여 있는, 데카당스 형식들이 모여서 이룬 것이다. 기독교의 발생을 가능하게 한 것은 일반 사람들의 생각처럼 고대적인 것 자체, 고대적인 고결의 부패는 아니었다. 오늘날에도 그렇게 주장하고 있는 유식한 바보들에 대해서는 아무리 심하게 반박해도 지나치지 않다. 고대 로마제국 전체에서 병적이고 부패한 찬다라 계층 가운데로 기독교도가 퍼져가고 있을 때. 그 반대 전형(典型)인 귀족계층은 가장 아름답고 가장 성숙한 형태를 띠었다. 그런데 다수가 지배자가 되었다. 기독교적 본능의 민주주의가 승리한 것이다…… 기독교는 '민족적'인 것도, 종족(種族)의 기능도 아니었다. — 기독교는 삶을 박탈당한 온갖 종류의 사람들을 상대하였고 도처에 동맹자들을 지니고 있었다. 기독교는 근본 바탕에 병든 자들의 앙심(rancune)을, 건강한 자와 건강함에 대한 적대적 본능을 지니고 있었다. 바탕이 건강하고 긍지가 있고 원기발랄한 모든 것, 특히 아름다운 것은 기독교의 귀에, 눈에 거슬렸다. 다시 한 번 나는 바울의 그 굉장한 말이 상기된다. "하나님께서는 이 세상에서 약한 것, 이 세상에서 어리석은 것, 이 세상에서 보잘것없는 것, 멸시받은 것을 택하셨습니다."[77] 그것이 공식이었고, 이 표적에 의해서(in hoc signo)[78] 데카당스는 승리를 얻었다. — 십자가 위의 신 — 이 같은 상징의 배후에 숨어 있는 무서운 속셈을 사람들은 아직도 이해하지 못하고 있는가? — 고난 받는 자, 십자가에 걸린 자는 모두가 신과 같다…… 우리는 모두가 십자가에 매달려 있다. 따라서 우리는 신과 같다…… 우리만이 오직 신과 같다, 라고 하는 것을…… 기독교는 승리하였고, 훨씬 고결한 감수성은 그로 인해 파멸되었다. — 기독교야

---

77   '고린도전서' 제1장 27 ~ 28절에 나오는 내용이다.

78   이 표적에 의해서(in hoc signo): 로마제국의 콘스탄티누스 1세(재위: 서기 306 ~ 337)가 한 전쟁에 참가하여 전투하던 중 대낮에 하늘에 십자가를 보았는데, 거기에 그리스어로 "ἐν τούτῳ νίκα"라고 씌어 있었다고 한다. 이것은 라틴어로 번역하면 "In hoc signo vinces(이 표적에 의해 그대는 정복할 것이나)"라는 뜻인데, 황제는 이것을 보고 난 후에 승리하였다고 전해진다.

말로 이제까지 인류가 만난 최대의 불행이었다. —

52

기독교는 또 **정신적으로** 건강한 바탕을 지닌 모든 것에 적대적이다. — 기독교는 병적인 정신만을 기독교적 정신으로 이용할 수 있으며, 모든 어리석은 것의 편에 서고, '정신'에 대하여, 즉 건전한 정신의 자랑(Superbia)에 대해서는 저주를 퍼붓는다. 병적인 것이 이 기독교적인 본질이므로, 전형적 기독교의 상태인 '신앙'도 병적인 형태를 띨 수밖에 없다. 그리고 모든 바르고 성실한 지식에 의해 인식에 이르는 길은 교회에 의해 금지된 것으로 배척당할 수밖에 없다. 의심조차 이미 죄가 된다…… 사제에게 심리적 청결함이 전적으로 결핍되어 있다는 사실은 그의 시선에서 드러난다. 그것은 데카당스의 **결과**로 나타나는 현상이다. — 본능적인 허위, 거짓말을 위한 거짓말, 곧바로 시선을 주거나 곧바로 걸음을 떼지 못하는 것이 얼마나 통상적인 데카당스의 표현인지를 엿보려면, 히스테리가 있는 여자들이나 곱사등이 어린아이들을 관찰해 보면 알 수 있다. '신앙'은 진실한 것을 알고 싶어 하지 않는 태도를 뜻한다. 성직자, 즉 남녀 성직자들은 병들어 있기 때문에 그릇된 것이다. 성직자의 본능은 어떤 점에서도 진리가 제 구실을 하지 못하도록 요구하는 것이다. "병들게 하는 것이 **선한** 것이다. 풍요와 넘쳐 흐름, 힘으로부터 나오는 것은 **악한** 것이다"라는 것이 신앙심을 가진 자의 느낌이다. 거짓말을 하지 않는 부자연스러움 — 이런 식으로 예정된 신학의 모습을 나는 간파한다. — 신학자에게서 보이는 또 하나의 특징은 문헌학에 무능하다는 것이다. 이 경우에 문헌학은 아주 일반적인 의미에서 잘 읽는 기술로 이해할 수 있다. — 말하자면 해석을 통해 사실을 왜곡시키지 않고, 또 이해하려는 마음으로 인해 신중함과 인내, 치밀함을 잃지 않고 사실을 읽어낼 수 있는 기술로 이해할 수 있다. 신중하게 해석하는 것으로서의 문헌학. 이는 책이든, 신문 기사든, 운명이든, 날씨 관련 사실이든 마찬가지다. — '영혼의 구원'에 관한 경우에는 더 말할 것도 없다…… 한 신학자가, 베를린에서든 로마에서든 상관없이 '성경에 나오는 한 마디'나 하나의 체험(예를 들어 자기 나라 군대가 거둔 승리)을 다윗(David)의 '시편'의 더 높은 조명으로 해석하는 방식은 언제나 너무나 뻔뻔해서, 문헌학자를 미치게 한다. 그리고 성직자들과 슈바벤 지방 암소 같은 인간들이 자기네의 하찮고 비참하고 보잘것없는 삶을 '신의 손'을 빌어 '은총', '신의 섭리', '구원의 체험'이라는 기적으로 만들어 놓을 때면, 문헌학자는 도대체 어찌 해야 하겠는가! 예의를 언급할 필요없이, 조금만 머리를 쓰면, 신의 교묘한 솜씨를 그처럼 남용하는 것은 전적으로 유치하고 무가치하다는 것을 그 해석자들에게 분명 납득시킬 수 있을 것이다. 만약 우리에게 조금이라도 신앙심이 있다면, 제 때에 감기를 낫게 해주거나 소나기가 막 쏟아지려 할 때 마차에 타라고 일러 주는 신 따위는 너무 허무맹랑해서, 그런 신은 설령 존재한다 하더라도 폐지해야만 할 것이다. 하인으로서의 신, 편지배달부로서의 신, 일기예보자로서의 신, ― 그런 것은 근본적으로는 우연들 가운데서도 가장 어리석은 우연을 나타내는 말이다…… 소위 '교육이 잘 된 독일'에서 오늘날에도 여전히 세 사람 중 한 명이 믿고 있는 '신의 섭리'라는 것은, 생각할 수 있는 그 어떤 것보다도 신에 대하여 더 강력한 반대 근거가 될 것이다. 그리고 모든 경우에 있어서 그것은 독일인들에 대한 반대이다!……

53

순교자들이 어떤 일의 진리와 관련하여 무언가를 증명한다는 것은 진실과 거리가 멀다. 나는 순교자가 도대체 진리와 조금이라도 관계가 있었다는 것을 부정하고 싶다. 순교자가 자신이 진리라고 여기는 것을 세상 사람들에게 던질 때, 거기에는 이미 사람들이 굳이 논박할 필요도 없을 만큼 저급한 지적 성실성과 '진리' 문제에 대한 둔감함이 표현되어 있다. 진리란 어떤 사람은 가질 수 있고 어떤 사람은 가질 수 없는 것이 아니다. 기껏해야 농부나 루터(Luther)식의 농부사도(農夫使徒)들이나 진리를 그런 식으로 생각할 수 있는 것이다. 정신적인 일에 있어서 중용이라 할 수 있는 겸양은, 그런 일과 관련해서 갖는 양심의 정도가 높아짐에 따라 함께 증가한다고 확신해도 좋을 것이다. 다섯 가지 일에 관해서 알고 그 밖의 것을 알기를 손을 가볍게 저어 거부하는 것이다…… 모든 예언자, 모든 종파의 신도, 모든 자유주의자, 모든 사회주의자, 모든 성직자가 이해하는 '진리'라는 것은, 어떤 작은 진리, 정말 작은 진리의 발견에 필요한 정신과 자기극복의 훈련이 아직 시작도 되지 않았다는 완벽한 증거라고 본다. ― 덧붙여 말하자면, 순교자의 죽음이란 역사적으로 볼 때 큰 재난이었다. 순교는 민중을 **유혹해왔던** 것이다…… 누군가가 기꺼이 생명을 바칠 수 있는 어떤 일에는 (혹은 초기 기독교처럼 마치 사람들을 죽게 만드는 상당한 규모의 전염병을 발생시키는 원인에는) 분명히 뭔가 있어야 한다는 결론, 여성과 민중을 포함해 모든 바보들이 내리는 결론 ― 이런 결론은 조금이나 전체 분석을, 검증과 신중의 정신을 거부하였다. 순교자들이 진리에게 **해를 끼쳤다**…… 심지어 오늘날에도 자체적으로는 아무리 보잘것없는 종파라 할지라도, 조잡한 형태로나마 어떤 박해를 당하면 그로 인해서 **명예로운** 이름을 얻는다. ― 뭐라고? 누가 어떤 일을 위해서 목숨을 바쳤다고 해서 그 일의 가치가 조금이라도 바뀐다는 말인가? ― 명예롭게 되는 오류는 유혹적인 매력을 하나 더 지니게 되는 오류다. 신학자 여러분, 그대들의 거짓말에 대해 그대들이 순교자가 될 수 있는 기회를 우리가 만들어줄 거라고 믿고 있는가? ― 우리는 어떤 사안을 신중하게 얼음 위에 놓음으로써 그것을 반박한다. ― 그리고 우리는 똑같은 식으로 신학자에 대해서도 반박한다…… 적대자들의 일을 마치 명예로운 일처럼 보이게 하고, 그런 일에 순교의 매력을 불어 넣는 데에 바로 모든 박해자들이 저지른 세계사적인 어리석음이 있었다…… 여성은 오늘날에도 여전히 한 가지 오류

앞에서 무릎을 꿇고 있는 이유가, 어떤 사람이 그 오류를 위해서 십자가 위에서 죽었다고 듣기 때문이다. 그렇다면 도대체 십자가가 하나의 논증이 된다는 말인가? — 그러나 이런 모든 일에 관해서는 수천 년 이래 인류에게 필요했을 말을 해 준 오직 한 사람이 있었으니 — 그 사람이 바로 차라투스트라(Zarathustra)다.

그들은 자신들이 가는 길에 피를 뿌려 표시했고, 진리는 피로써 증명해야 한다고, 그들의 어리석음이 가르쳤다.

그러나 피는 진리의 가장 나쁜 증인이다. 피는 가장 순수한 가르침마저도 독을 섞어 마음의 망상과 증오로 바꿔버린다.

그리고 자신의 가르침을 위해 불속을 뚫고 나가는 자가 있더라도 — 이것이 무엇을 증명하겠는가! 진실로, 자기 자신을 불태워 거기에서 자신의 가르침이 생겨나는 편이 더 낫다![79]

54

스스로 기만을 당하지 않도록 하라. 위대한 정신의 소유자들은 다 회의주의자들이다. 차라투스트라는 회의주의자다. 정신적인 힘, 뛰어난 정신의 힘에 의해 얻어지는 강인함, 즉 자유라는 것은 회

---

[79]　이 부분에 대해서는 역자의 번역서인 《차라투스트라는 이렇게 말했다》 (두행숙 역. 부북스출판사. 2012)의 제2부 '성직자들에 대하여'를 참조.

의를 통해서 증명된다. 신념을 지닌 사람들은 가치와 무가치에 대한 모든 근본적인 문제를 전혀 고려하지 않는다. 신념은 감옥이다. 이 사람들은 멀리 보지 못하고, 자신의 **발밑도** 보지 못한다. 그러나 가치 및 무가치에 대한 일에 끼어들어 이야기할 수 있으려면, 사람은 5백 가지의 신념을 자신의 발밑에다, 자신의 뒤에다 두고 볼 줄도 알아야 한다…… 위대한 것을 바라고 그것을 위한 수단을 바라는 정신은 필연적으로 회의주의자이다. 모든 종류의 신념으로부터 자유로워지는 것, 자유롭게 **볼** 수 있는 것이 바로 강인함의 부분이다…… 그의 전체 지성은 커다란 열정에, 회의주의자 자신보다 더 계몽되고 더 전제적인, 회의주의자의 존재의 근거이자 힘에 헌신한다. 그것은 회의주의자를 기탄없는 자로 만든다. 그것은 또한 신성하지 않은 수단까지도 선택할 용기를 그에게 준다. 그것은 상황에 따라 신념을 지니는 것을 그에게 **허용한다.** 수단으로서의 신념! 신념에 의해서만 도달할 수 있는 일은 많다. 위대한 열정은 신념을 필요로 하고 신념을 다 사용해버리지만, 신념에 굴복하지 않는다. ― 그것은 자신이 주권자라는 것을 알고 있다. ― 이에 반하여 신앙에 대한 뭔가 무조건적인 긍정과 부정에 대한 욕구, 이러한 표현을 써도 된다면 칼라일주의(Carlylismus)[80]는 약자의 욕구인 것이다. 신앙을 가진 사람, 모든 종류의 '신앙적인 자'는 필연적으로 의존적인 인간이

---

80   칼라일주의(Carlylismus)는 칼라일적인 사상이나 문체를 가리킨다. 토머스 칼라일(Thomas Carlyle, 1795 ~ 1881)은 영국의 비평가이자 역사가로, 현대 사회의 모든 형식과 제도를 비판하였으며 강한 영웅적 지도자의 필요성을 강조했다.

다. 그런 인간은 스스로 목적이 될 수 없는, 도대체 자기 스스로 목적을 정하지 못하는 인간이다. '신앙인'은 자기 스스로에게 속하지 못하고 오직 수단이 될 수 있을 뿐이다. 그는 **사용되어야** 하며, 자기를 사용할 누군가를 필요로 한다. 그의 본능은 자기초탈(自己超脫)의 도덕에 최고의 명예를 부여한다. 그렇게 하도록 모든 것이, 그의 명민함이, 그의 체험이, 그의 허영심이 그를 설득하는 것이다. 신앙은 그것이 어떤 종류이든 그 자체가 자기초탈, 자기소외(Selbst-Entfremdung)의 한 표현이다…… 외부로부터 자기를 강제하고 고정시켜주는 규정을 사람들이 얼마나 필요로 하며, 강압, 즉 좀 더 높은 의미에서 **노예제**가 어떻게 거기에 종속된 의지박약한 인간, 특히 여자가 성공할 수 있는 유일하고도 궁극적인 조건이 되는지 생각해 보면, 우리는 신념이라는 것, 즉 '신앙'이라는 것의 본질도 이해할 수 있다. 신념을 가진 인간은 그 신념 속에 자신의 버팀목을 갖고 있다. 많은 사물을 보지 **않는** 것, 어떠한 지점에 대해서도 자유롭지 않은 것, 철저하게 편파적 입장을 취하는 것, 모든 가치를 엄격히 필요한 관점에서 보는 것 — 그것만이 신념을 가진 인간이 존재할 수 있는 조건이다. 하지만 그로 인해 그는 진실한 인간의 — 진실의 — 대립자가 되고 적대자가 된다…… 신앙을 가진 사람은 도대체 '진실'과 '허위'의 문제에 대하여 양심적으로, 마음대로 생각할 수 없다. 만약 이 지점에서 솔직해진다면 그는 즉각 파멸을 맞게 될 것이다. 신념을 가진 사람은 그의 관점이 병적으로 제약을 당하기 때문에 — 사보나롤라,[81] 루터, 루소,[82] 로베스피에르,[83] 생시몽[84]처럼 — 광신자가 되고 만다. 자유로워지는 강한 정신의 반대 전형(典型)이 되는 것이다. 그러나 이런 병든 영혼들의, 이런 개념에 사로잡힌 간질병자들의 과장된 태도가 많은 대중들에게 영향을 미치고 있다. — 광신자들은 멋있어 보인다. 인류는 이성에 귀를 기울이기보다는 오히려 제스처 보기를 좋아하는 것이다……

55

— 신념의, '신앙'의 심리학으로 한 걸음 더 나아가 언급하겠다.

---

81 사보나롤라(Girolamo Savonarola, 1452 ~ 1498): 이탈리아의 도미니코 수도회 수도자이며 종교개혁가. 그는 귀족 정치에 반대하고 신정(神政) 중심의 정치적 민주제를 옹호하였고, 당시 종교계의 부패를 청산하는 개혁을 추구했으나, 1497년 교황 알렉산데르 6세에게 파문당한 후 귀족의 모략을 받아 1498년에 화형(火刑)을 당했다.

82 루소(Jean-Jacques Rousseau, 1712 ~ 1778): 프랑스의 철학자이자 사상가이다. 주로 인간의 자유와 평등을 주장하였고, 인간은 원래 자연의 상태에서 살았으므로, 자연의 상태야말로 진정한 낙원이므로, 인간은 자연으로 돌아가자고 말했다. 그의 계몽주의 사상은 당시에 큰 영향을 미쳐 이후에 일어난 '프랑스 혁명'의 기본원리를 제공하였다.

83 로베스피에르(Robespierre, Maximilien de, 1758 ~ 1794): 프랑스 혁명가이자 정치가. 부르봉 왕정을 폐지하고 1793년 6월 독재 체제를 수립하여 공포정치를 행하다가 1794년에 쿠데타에 의해 체포되어 처형되었다.

84 생시몽(Claude-Henri de Rouvroy, 1760 ~ 1825): 프랑스 혁명 시기의 프랑스 귀족이자 사회주의자, 실증주의자이며 유럽 통합사상의 선구자로서 매우 다양하고 복잡한 성향을 지녔던 인물이다.

이미 오래 전부터 나는 신념이 거짓말보다 더 위험한 진리의 적이 아닐까라는 생각을 지녀왔다(《인간적인, 너무나도 인간적인》제1부, 경구(警句) 54장과 483장).[85] 이번에는 결정적으로 다음과 같이 묻고자 한다. 도대체 거짓말과 신념 사이에 대립이 성립하는가? — 온 세상 사람들은 그렇다고 믿고 있다. 그러나 온 세상 사람들이 안 믿는 것은 무엇인가! 어떤 신념이든 제각기 역사, 예비형식, 모색, 실책을 겪었다. 그것은 오랫동안 신념이 아닌 후에, 더 오랫동안 신념인지 아닌지를 거친 후에 비로소 신념이 된다. 어떻게? 신념의 이러한 맹아적인 형식 속에는 거짓말도 들어 있을 수 있지 않겠는가? — 때로는 단순히 인물만 바꾸면 되는 경우도 있다. 아버지한테는 아직 거짓말인 것이 자식한테는 신념이 되는 식이다. — 내가 거짓말이라고 부르는 것은, 눈에 보이는 어떤 것을 보려고 하지 않는 것, 어떤 것을 보이는 대로 보려고 하지 않는 것을 말한다. 목격자가 있는 데서 거짓말을 하는가, 아니면 목격자가 없는 데서 하는가 하는 것은 문제가 되지 않는다. 가장 공통의 거짓말이란 자기 자신을 속이는 거짓말이다. 다른 사람들에게 거짓말을 하는 것은 비교적 예외의 경우다.

— 이처럼 보이는 것을 보지 않으려 하는 것, 이처럼 보이는 대로 보지 않으려 하는 것은 어떤 의미에서 파벌적(派閥的)인 모든 사람들에게는 사실상 제1의 조건이다. 즉 파벌적인 사람은 필연적

---

85   《인간적인, 너무나도 인간적인(Menschliches, Allzumenschliches)》(1878년 ~
      1880년)은 니체의 또 다른 저작의 제목이다.

으로 거짓말쟁이가 되는 것이다. 예를 들어 독일의 역사 기술(記述)에서, 로마는 전제주의(Despotismus)였고 자유정신을 세상에 가져 온 것은 게르만족[86]이었다는 식으로 확신하고 있다. 이러한 종류의 신념과 거짓말 사이에는 어떤 차이가 있는 것일까? 독일의 역사가를 포함한 모든 파벌적인 사람들이 본능적으로 거창한 도덕적인 말을 입에 올리더라도 새삼 놀랄 일이 있는가? — 도덕이란 사실상 온갖 종류의 파벌적 인간들에게 그것이 매순간 필요하기 때문에 계속 존재하는 것이라 해도 새삼 놀랄 일이 있는가? — "이것이 우리의 신념이다. 우리는 온 세상에 그것을 고백하며, 그것을 위해 살고 죽는다. 신념을 가진 모든 사람을 존중한다." — 이런 식의 말을 나는 심지어 반유대주의자들의 입에서도 들은 적이 있다. 그러나 독자 여러분, 그것은 정반대이다! 반유대주의자가 원칙에 따라 거짓말을 한다고 해서 좀더 의젓해지는 것은 전혀 아니다…… 이런 문제들에 있어서 사제들은 더 세련되었다. 하나의 신념의 관념, 다시 말해 어떤 목적에 봉사하기 때문에 원리가 되는 거짓말에 왜 어떤 사람은 반대하는지를 아주 잘 이해하는 사제들은, 그 자리에 '신', '신의 뜻', '신의 계시' 같은 개념들로 메워 넣는 영리함을 유대인들로부터 이어 받았다. 칸트

---

86   서로마제국은 게르만족에 의해 멸망했는데(서기 476년), 니체는 독일인들이 전제국가였던 로마제국을 멸망시키고 자유주의를 들여왔다고 생각하는 사람들을 여기에서 비판하고 있다. 실제로 그 후에 독일인들은 오히려 자기들이 멸망시킨 로마제국의 문화와 정치제도를 받아들이는데 너욱 관심을 기울였기 때문이다.

조차도, 그의 '정언적(定言的) 명령'으로 같은 길을 걸어갔다. 그의 이성은 여기서 실천적이 된다. ― 무엇이 진리이고 무엇이 허위인가에 대해 인간으로서는 결정할 수 없는 문제가 있다. 모든 최상의 문제들, 모든 최상의 가치에 관한 문제들은 인간 이성의 한계 너머에 있다…… 이성의 한계를 파악하는 것 ― 그것이 진정한 철학이다…… 무슨 목적으로 신은 인간에게 계시를 내린 것일까? 설마 신이 불필요한 일을 했을까? 인간은 선악이 무엇인지 스스로는 알 수 없다. 그래서 신은 인간에게 자신의 뜻…… 사제는 거짓말을 하지 않는다는 도덕을 가르쳐 주었다. ― '진실되다'라든가 '진실되지 않다'와 같은 문제는 사제들이 말하는 이야기에는 나오지 않는다. 이러한 일에 대해서는 전혀 거짓말이 허용되지 않는다. 왜냐하면, 거짓말을 하기 위해서는 이 경우 무엇이 진실인지를 결정할 수 있어야 하기 때문이다. 그러나 그런 일을 인간은 할 수 없는 것이다. 그러므로 사제는 신의 대변자에 불과하다. ― 이 같은 사제적 삼단논법(Priester―Syllogismus)은 단지 유대교적이거나 기독교적인 것만은 결코 아니다. 거짓말을 할 권리와 '계시'의 영민함은 사제의 전형에, 이교도(異敎徒)적 사제 못지않게 데카당스의 사제에게 속하는 것이다(― 이교도란 삶에 대하여 긍정적으로 말하는 모든 사람을 일컫는다. 그리고 그들에게 '신'이란 모든 사물에 대한 위대한 긍정을 나타내는 말인 것이다). ― '율법', '신의 뜻', '성경', '영감(靈感)' ― 이 모든 것은 그 밑에서 사제가 권력을 잡고 그것을 가지고 권력을 유지하는 말들에 불과하다 ― 이러한 개념들은 모든 사제들의 조직과 모든 사제적, 또는 사제 철학적인 권력구

조의 근저(根底)에서 발견된다. '신성한 거짓말' — 이것은 공자, 《마누 법전》, 마호메트, 기독교 교회에게 공통적인 것이다. — 플라톤에게도 빠지지 않는다. '진리는 거기에 있다'라는 말은 어디서 말하든, 사제가 거짓말을 하고 있다는 뜻이다……

56

— 결국 문제가 되는 것은, 무슨 **목적**으로 거짓말을 하는가이다. 기독교에는 '신성한' 목적이 없다는 것이 기독교가 사용하는 수단에 내가 반대하는 이유다. 거기에는 나쁜 목적, 삶에 해독을 끼치고 삶을 비방하고 부정하는 것, 육신을 경멸하는 것, 인간을 죄악이라는 개념으로 폄하하고 스스로를 모독하려는 것뿐이다…… **따라서 그것이 취하는 수단도 나쁜 것이다.** —《마누 법전》을 읽을 때면 나는 정반대의 느낌을 갖는다. 그것은 비교할 수 없을 만큼 정신적이며, 성경과 같은 선상에 놓고 언급하는 것조차 그 정신에 죄가 될 정도로 월등한 책이다. 그 배후와 그 안에는 진정한 철학이 있다는 사실을 곧 알 수 있다. 거기에는 율법주의와 미신이 뒤섞여 고약한 냄새는 풍기는 단지 유대적인 것은 없다. — 그것은 가장 까다로운 미각을 지닌 심리학자에게도 뭔가 씹을 만한 것을 제공한다. 잊지 말아야 할 중요한 것은, 어떤 종류의 성경과도 근본적으로 다르다는 사실이다. 고귀한 계층, 즉 철학자와

전사[87]들이 그 법전에 의해 군중을 지도하고 있는 것이다. 고귀한 가치, 완전성의 느낌, 삶에 대한 긍정, 자신과 삶에 대한 의기양양한 행복감이 도처에 넘치고 있다. — 그 책 전체 위로 태양이 비추고 있는 것이다. — 기독교가 해명이 안 될 정도로 비속하게 다루고 있는 그 모든 것, 예를 들면 생식(生殖), 여자, 결혼 같은 일들이 이 책에서는 경건함과 사랑, 신뢰로써 진지하게 다루어지고 있다. 도대체 다음과 같은 비속한 말을 담고 있는 책을 사실 어떻게 아이들과 여자들의 손에 쥐어 줄 수 있단 말인가? "음행(淫行)이 성하니, 이를 면하기 위해서 남자마다 자기 아내를 두고 여자마다 자기 남편을 두라…… 정욕이 불같이 이는 것보다 혼인하는 편이 나으리라."[88] 그리고 '더럽혀지지 않은 잉태(immaculata conceptio)'라는 관념이 인간의 기원을 기독교화하는 한, 다시 말해 더럽혀져 있는 한, 누가 참되게 기독교도가 될 수 있는가? …… 나는 《마누 법전》에서처럼 여자에게 다정한 선의(善意)의 말을 많이 하고 있는 책은 보지 못했다. 거기에서 백발의 노인들과 성인들은 여자에 대하여 아마 지금껏 어느 누구도 능가하지 못한 정중한 태도를 보여주고 있다. 어느 대목에는 이렇게 쓰여 있다: "여자의 입, 소녀의 젖가슴, 어린아이의 기도, 제물에서 나는 연기(煙氣)는 언제나 순수하다." 또 어느 곳에는 다음과 같이 쓰여 있다. "햇빛, 암소의 그림자, 공기, 물, 불, 그리고 소녀의 숨

---

87   인도의 카스트 제도의 상위층인 브라만 계급과 크샤트리아 계급의 사람들을 가리키고 있다.

88   '고린도 전서' 7장 2절에 나오는 말이다.

결보다 더 순수한 것은 없다.' 마지막으로 또 한 구절이 있다. —
아마 그것도 역시 하나의 '신성한' 거짓말이겠지만 — "배꼽 위쪽
의 모든 구멍은 깨끗하지만 배꼽 아래 모든 것은 깨끗하지 않다.
오직 소녀의 경우에만 온 몸이 깨끗하다."

57

기독교의 목적을 《마누 법전》의 목적과 비교해서 살펴보면, — 그
리고 이처럼 서로 가장 상반되는 목적을 밝은 조명에 비춰 보면,
기독교적 수단의 신성하지 못한 점을 바로 현장에서 포착할 수 있
다. 만약 기독교 비평가라면 기독교를 경멸하는 일을 피할 수 없
을 것이다. —《마누 법전》과 같은 법전은 모든 좋은 법전이 생겨
난 경우와 똑같이 생겨난 것이다. 그것은 오랜 세월에 걸친 경험
과 지혜와 실험도덕을 요약해 놓고 있으며, 이미 완성되어 있어
서 새로운 것은 더 이상 만들어 내지 않는다. 그러한 종류의 법전
편찬에 대한 전제조건은, 서서히 많은 값을 치르고 획득한 진리가
권위적이 되는 방식은 그것을 증명하는 방식과는 근본적으로 다
르다는 사실을 아는 것이다. 법전이란 율법의 유효성이나 근거,
그 법에 선행하는 결의법(Casuistik)[89]에 대해서는 결코 말하지

---

89   일반적인 도덕법칙을 상위에 두고 그것의 논리와 정당성에 기준하여 개개
      의 경우를 판단하는 법을 말한다. 그러나 이 법칙의 권위를 잘못 이용하여 궤변
      으로 도덕적·법률적 문제를 해결하는 방식이 될 수 있으므로 나쁜 의미로 쓰

않는다. 만약 그렇게 되면 바로 그 율법을 준수할 전제조건인 "너는 이러이러해야 한다"는 명령적 어조를 상실할 수 있기 때문이다. 문제는 바로 여기에 있다. — 어떤 민족이 발전해 가는 기간의 어느 시점에 그 민족 중의 가장 총명한, 즉 앞으로나 뒤로 가장 멀리 내다보는 계층은, 그 민족이 지키며 살아가야 할 — 다시 말해 지키며 살아갈 수 있는 — 경험이 완결되었다고 선언한다. 그들의 목적은 실험과 **나쁜** 경험의 시대로부터 가능하면 가장 풍요롭고 완전하게 수확을 거두어들이는 데 있다.

따라서 이제 어떤 비용을 지불하고서라도 피해야 할 일은 여전한 실험, 유동 상태에 있는 가치의 지속, 가치의 **무한한** 검증, 선택, 비판이다. 여기에 맞서 이중(二重)의 장벽이 버티고 있다. 첫째는 계시다. 그것은 율법의 근거가 인간적 근원을 갖고 있지 **않**다는 것, 오랜 세월 동안 서서히 과오를 겪으며 구하고 찾아낸 것이 아니라 오히려 신으로부터 기원하며, 총체적이고 완전하고 비역사적이며, 오직 하늘에서 부여받은 것, 하나의 기적으로서 전달된 것이라는 주장이다…… 그 다음은 **전통**이다. 그것은 율법이 이미 태곳적부터 있었으며, 그것에 의문을 가지는 것은 불경스럽고, 조상에 대한 죄악이라는 주장이다. 그 법의 권위는, 신이 그 법을 주었고 조상들은 그 법에 따라 **살았다**는 것에 근거하고 있다. — 이러한 절차 뒤에 있는 더 높은 추론은 어떤 삶을 정당한 삶(다시 말해 막대한 양의 면밀히 취사선택된 경험들을 통해 **증명된** 삶)으로 간주

이기도 한다.

하도록 그리고 사람들이 그것을 의식하지 못하도록, 점차 의식을 밀어내려는 의도를 지니고 있다. 본능의 완전한 자동 현상이 이루어지도록 하기 위해서다. — 이것이 삶의 기술에서 모든 종류의 통달, 모든 종류의 완벽함의 전제조건이다. 《마누 법전》과 같은 종류의 법전을 만든다는 것은, 한 민족에게 장차 통달할 수 있는 권리, 완벽해질 수 있는 권리 — 최고의 삶의 기술을 얻을 야심이 허용된다는 의미다. 그러한 **목적**을 위해서 그것은 **무의식화(無意識化)되어야 한다.** 바로 이것이 모든 신성한 거짓말의 목적이다. — 최고의 지배적 율법인 **카스트** 계급질서는 첫째가는 자연법칙, **자연** 질서의 승인일 뿐이다. — 우연이나 어떤 '현대적 이념'도 이것을 좌우할 수 없다. 건강한 사회에서는 어디서나 서로를 제약하고 서로 다른 생리적 경향을 보이는 세 가지 전형의 인간으로 구분된다. 이들은 각자의 위생, 각자의 일의 영역, 각자의 숙달성과 완전감을 지니고 있다. 주로 정신력이 뛰어난 전형과, 주로 근육과 기질이 뛰어나고 강인한 전형, 그리고 전자(前者)나 후자(後者)에 속하지 않는 세 번째 전형, 즉 평범한 전형을 구분하는 것은 마누(Manu)가 아니라 자연적으로 그렇게 구분되는 것이다. — 맨 나중의 전형은 대다수가 차지하고 있으며, 첫 번째 전형은 소수의 선택된 자들이다. 최상층의 계급은 — 나는 그것을 소수자라고 부른다 — 완전한 계급, 소수자의 특권들을 아울러 갖는다. 지상에서의 행복, 아름다움, 너그러움을 포함한다. 가장 정신력이 강한 인간들에게만 아름다움과 아름다운 것들이 허용된다. 오직 그들에게만 약함이 아니라 선함이 있다. 아름다움은 소수자의 것이다

(Pulchrum est paucorum hominum). 즉 선(善)은 하나의 특권이다. 반면에 그들에게 엄격하게 금지되는 것은 추한 태도나 비관적인 시선, 사물을 추하게 만드는 눈이다. — 세상의 방식에 대해 분노하는 것조차도. 분노는 찬다라들의 특권이다. 비관주의도. "세계는 완전하다" — 가장 정신력이 강한 사람들의 본능, 가장 긍정적인 본능은 그렇게 말한다. — 불완전함, 우리보다 열등한 모든 것, 사람들 간의 거리(距離), 거리의 파토스(Pathos), 찬다라 그 자체도 바로 이 완전성에 포함되는 것이다. 가장 강한 자로서 가장 정신적인 인간은 다른 사람이 자신의 몰락을 보게 되는 것 속에서, 즉 미로 속에서, 자기와 타인에게 가해지는 혹독함 속에서, 시련 속에서 행복을 발견한다. 자신을 억제하는 것에서 그들은 기뻐한다. 금욕은 본성이, 필요조건이, 본능이 된다. 그들에게는 어려운 과제가 특권으로 통한다. 다른 사람들에게는 무거운 짐을 유희하듯 감당하여 휴양이 되게 한다…… 인식 — 금욕의 한 형태. — 그들은 가장 존경할 만한 전형적 인간이다. 그렇다고 해서 그들이 가장 유쾌하고, 가장 호의적인 사람들이 아니라는 뜻은 아니다. 그들은 원해서가 아니라 존재하고 있기 때문에 지배한다. 그들은 마음대로 제2계급이 될 수 없다. — 제2계급의 사람들. 이들은 법을 수호하는 자들, 질서와 안전을 유지하는 자들, 고귀한 무사들이다. 특히 무사들과 재판관들과 법을 유지하는 자들 중 가장 높은 형식은 왕(王)이다. 제2계급에 속하는 자들은 가장 정신적인 민족의 행정관들이며, 그들과 가장 가까운 자들이고, 그들에 속하고, 다스리는 일에서 모든 저급한 일을 떠맡아 한다. — 그 계급의 추

종자, 그들의 오른팔, 그들의 가장 훌륭한 제자들이다. — 다시 말해, 이 모든 것에는 자의적이거나 "인위적인" 것은 하나도 없다. 그와 다른 것이 모두 인위적인 것이다. — 만약 그렇게 되는 경우에 자연은 부끄럽게 된다…… 카스트 계급질서, 계급질서가 오직 삶 자체를 위한 최고의 법의 공식인 것이다. 그 세 가지 전형의 분리는 사회보존을 위해서, 더 높은 전형, 그리고 최고의 전형을 형성하기 위해서 필요하다. — 권리의 불평등은 다름 아니라 권리가 존재하기 위한 조건이다. — 권리란 하나의 특권이다. 각자 존재의 특성 속에서 각자의 특권이 정해진다. 평범한 사람들의 특권을 과소평가하지 말자. 삶은 높은 곳으로 향해 갈수록 점점 힘들어진다. — 점점 더 추워지고 책임도 더 늘어난다. 고급문화는 일종의 피라미드다. 그것은 넓은 토대 위에서만 존립할 수 있으며, 그 가장 첫째 조건은 튼튼하고 건전하게 확립되어 있는 평범성이다. 수공업, 상업, 농업, 과학, 대부분의 예술, 한마디로 말해 직업활동의 전 영역은 전적으로 능력과 욕망에 있어서의 평범성을 전제조건으로 하고 있다. 그러한 것들은 예외적인 사람들에게는 어울리지 않으며, 그것들에 속해 있는 본능은 귀족주의뿐만 아니라 무정부주의와도 대립된다. 사람이 공적(公的)으로 유용한 것, 하나의 톱니바퀴가 되고, 하나의 기능을 맡는다는 것, 그것이 주어진 천직이다. 사회가 아니라 대다수가 위로 상승할 수 없는 행복의 형태가 그들을 지적(知的)인 기계로 만든다. 평범한 자들에게는 평범한 것이 행복이다. 어떤 한 가지 일에 통달하는 것, 즉 전문성은 그들에게는 하나의 타고난 본능이다. 평범성 자체에 이의를 제기하는 것은 한결 깊은 정신에게는 전혀 어울리지 않는 일일 것이다. 평범성 자체는 바로 예외적인 것이 존재하기 위한 첫 번째 필요조건이다. 고급문화는 그것을 조건으로 한다. 예외적인 인간이 자기 또는 자기와 동등한 자들에게 대하는 것 이상으로 부드럽게 평범한 자들을 다룰 때, 그것은 단순히 마음에서 우러나온 예의 때문만은 아니다. ― 그것은 바로 그의 의무인 것이다…… 오늘날의 천민들 중에서 나는 누구를 가장 미워하는가? 바로 노동자의 본능과 기쁨, 자신의 소소한 상태에 대해 느끼는 만족감을 뒤집어 업고 ― 시기심을 불어 넣고 원한을 가르치는 사회주의자 천민들, 찬다라적 사도들이다…… 불평등은 불평등의 권리의 문제가 전혀 아니라, "동등한" 권리를 주장하는 데 부당함이 있다…… 악이란 무엇인가? 그러나 나는 이미 그에 대한 대답을 내렸다. 허약함에서, 시기심에서, 원한에서 나오는 모든 것이라고. ― 무정부주의자와 기독교도는 같은 근원에서 나온 것이다……

58

사실, 보존하기 위해서 아니면 파괴하기 위해서 거짓말하는가는 사람들이 무슨 목적으로 거짓말을 하는가에 따라 차이가 난다. 기독교도와 무정부주의자는 완전히 같다고 보아도 될 것이다. 그들의 목적, 그들의 본능은 오로지 파괴하는 곳으로만 향하고 있다. 단지 역사를 읽어보기만 하면 된다. 역사 속에는 이러한 주장의 증거가 섬뜩하리만큼 분명하게 들어 있다. 우리는 방금 삶의 번영을 위한 최상 조건, 거대한 사회조직을 '영구화'하려는 목적의 종교적 입법과정에 대하여 알아보았다면, — 기독교는 대조적으로, 그것이 번영하는 삶으로 이끌기에 이러한 종류의 조직화를 목적으로 삼는 것을 자신의 사명으로 보았다. 전자의 경우, 그런 사회 속에서 오랜 세월의 실험과 불확실한 상태에서 얻어진 이성적인 결과가 가장 최대한 오랜 시간의 이익에 이용되고, 가능하면 크고 풍요롭고 완전한 수확을 거두어들일 수 있도록 하려는 것이었다. 반면에 후자의 경우에는 하룻밤 사이에 그 수확이 더럽혀지고 말았다[90]…… 청동보다도 더 단단한 것(aere perennius),[91] 로마제국, 힘든 조건 속에서 지금껏 이룩된 것 중 가장 위대한 조직형태 — 그에 비하면 그 이전이나 그 이후에 세워진 모든 것은 다 단편적이고, 서투르고, 아마츄어적이다 — 그 '세계'를, 다시 말해 로마제국을, 저 신앙심 깊은 무정부주의자들은 깡그리 다 파괴해 버렸다.[92] — 결국에 가서는 심지어 게르만족과 다른 비슷한 야만족

---

90   '마태복음' 13장 24 ~ 34절까지 예수가 씨 뿌림과 수확에 관하여 비유적으로 하는 말("주께서 그들 앞에 또 다른 비유를 들어 말씀하시기를, 천국은 좋은 씨를 자기 밭에 뿌린 사람과 같으니……")의 의미를 니체는 역(逆)으로 진정한 삶의 번영을 위한 수확을 더럽히고 파괴하는 결과로 보고 있다.

91   이 말은 로마의 서정시인 호라티우스(Quintus Horatius Flaccus, 기원전 65 ~ 기원전 8)가 쓴 송가(頌歌, Odes, 기원전 23년)에 나오는 말이다. 그 송가의 제3권 30절에서 그는 시인으로서 자신의 명성이 영원하기를 바라면서, "나는 청동보다 더 단단한 동상을 세웠도다(Exegi monumentum aere perennius……)."라고 읊고 있다.

92   니체는 기의 초기의 저작들(예를 들어, 《비극의 탄생》)에서 고대 그리스의 신들의 세계를 세계의 가치를 평가할 하나의 완전한 기준으로 보았다면, 여기 《안

들이 그 제국의 지배자가 될 수 있었던 것이다…… 기독교도와 무정부주의자. 그 둘 다 데카당스들이고, 둘 다 붕괴시키고, 해독을 가하고, 기형적으로 만들고, **흡혈귀처럼 피를 빨아들이는 것밖에**는 하지 못한다. 둘 다 의연히 서 있거나, 웅대하게 솟아 있거나, 지속성을 지녔거나, 삶에 미래를 약속해 주는 모든 것에 대해 **극도로 증오심의 본능을 지니고 있다**…… 기독교는 **로마제국의 흡혈귀였다.** — 기독교는 **시간이 걸리는** 위대한 문화를 건설하기 위한 터전을 빼앗고, 로마인들이 이룩한 거대한 행적을 하룻밤 사이에 무너뜨리고 말았다. — 이것이 아직도 이해가 안 되는가? 우리가 알고 있는 로마제국, 로마의 식민지 역사를 통해 우리에게 점점 더 잘 알려지고 있는 그 로마제국, 웅대한 스타일을 가진 모든 예술작품 중에서도 가장 경탄스러운 이 작품은 하나의 시작이었다. 그 건축물은 수천 년의 세월을 거치면서 자신의 진가를 **증명하도록** 의도되어 있었다. — 오늘날까지도 그처럼 건설된 것은 없었고, 그 같은 **영원한 모습으로**(sub specie aeterni) 그 같은 규모의 건설은 한 번도 꿈꿔본 적이 없었다! — 이 같은 조직체는 나쁜 황

티크리스트》에서는 줄곧 로마제국을 인류 역사에 존재했던 하나의 완전했던 제국이자 세계로 간주하고, 그것을 세계에 대한 자신의 가치판단을 단행할 어떤 절대적인 기준으로 삼으려 하고 있다. 특히 위의 본문에서 로마제국을 하나의 사회라기보다는 마치 완벽한 '예술작품'으로 보려는 시각이 그런 것이다. 그러나 니체의 이런 관점은 너무 지나칠 수도 있음을 감안해야 한다. 실제로 로마제국 역사도 겉으로 보기와는 달리 계속 그 안으로 파고 들어가 보면, 여느 제국에서와 마찬가지로 당시의 현실 세계에서 갖고 있던 수많은 불완전성과 모순들을 발견하게 되기 때문이다.

제들을 견뎌낼 수 있을 만큼 충분히 견고했었다. 여러 인물들이 일으키는 우연한 사건들은 이와 같은 일에 전혀 영향을 끼치지 못해야 한다는 것 — 그것이 모든 위대한 건축의 **첫 번째** 원리였다. 그런데도 그 조직체는 퇴폐 종류 중에서도 **가장 퇴폐한 것**, 즉 **기독교도**에 맞설 만큼 견고하지는 못했다…… 밤중에 안개와 어스름을 타고 몰래 모든 사람들에게 접근해 와 그들에게서 **진실한 것에 대한 진지함**과 **현실본능**을 다 빨아먹은 이 은밀한 벌레, 이 비겁하고 여성적이고 사탕처럼 달콤한 무리들은 서서히 이 거대한 건축물의 '**영혼**'을 소외시켜 버렸다. 로마의 대의명분 속에서 자신들의 대의명분, 자신의 진지함, 자신의 긍지를 느꼈던 저 가치 있고, 남성적이고 고결한 사람들을 말이다. 음흉하고 위선적인 것, 비밀 집회의 은밀성, 지옥이라든지, 죄 없는 자의 희생이라든지, 피를 마시는 것을 통한 **신비로운 결합**(unio mystica)을 이룬다는 음산한 개념, 무엇보다 서서히 불 붙어오는 복수심, 찬다라적 복수심의 불길 — 그런 것들이 바로 로마의 지배자가 된 것이다. 이것들의 선행(先行) 형식에 맞서서 에피쿠로스가 싸운 적이 있었다. 에피쿠로스가 무엇에 맞서 싸웠는지를 알려면 루크레티우스(Lucretius)[93]를 읽어야 한다. 에피쿠로스가 맞서 싸운 것은 이

---

93   루크레티우스((Titus Lucretius Carus, 기원전 97? ~ 기원전 54년): 로마의 시인이자 철학자이다. 그는 예술의 형식이 자연에서 유래한다고 보고 자연을 중시하였으며, 고대 그리스의 에피쿠로스의 영향을 받아 현세의 삶 속에서의 행복을 추구했다. 그는 또 당시의 로마가 신(神)과 종교에 지나치게 지배되는 것을 우려하고 무신론을 주장하였다.

교주의가 아니고, '기독교', 다시 말해 죄악, 형벌, 불멸의 개념으로 영혼을 타락시키는 기독교였다. — 그는 지하에서 행해지는 예배와 싸웠었고, 잠복해 있던 기독교 전체와 싸웠었다. — 당시에도 불멸을 부정하는 것이 곧 하나의 진정한 구원이었다. — 그리하여 에피쿠로스는 승리할 수도 있었을 것이다. 로마제국에서 존중받을 만한 사람은 다 에피쿠로스파에 속했던 것이다. 그런데 그때 바울이 나타났다…… 바울, 즉 로마에 대한, '세계'에 대한 찬다라적 증오의 화신, 천재적인 유대인, 저 '영원한 유대인(der ewige Jude)'[94]의 전형이 나타난 것이다…… 그가 알아낸 것은, 유대교에서 벗어난 작은 기독교 종파의 운동을 이용하기만 해도 "세계적인 불길"을 일으킬 수 있다는 것이었다. 그리고 "십자가 위의 신"이라는 상징으로 제국 내에 짓밟힌 모든 것, 은밀히 반역하고 있는 모든 것, 모든 무정부주의적 음모의 유산(遺産)을 모아 하나의 엄청난 힘으로 집결시킬 수 있다는 것이었다. "구원은 유대인으로부터 온다"는 식으로. — 바울의 천재성은 모든 종류의 지하적인 예배 — 예컨대 오시리스(Osiris), 위대한 어머니(대지의 여신), 미트라스(Mithras)[95] 예배 등 — 를 능가하고, 게다가 그것들

---

94   세상이 끝날 때까지 조국이 없이 영원히 떠돌며 방황하게 되리라는 의미에서 중세부터 유대인을 비하하여 부른 칭호이다.

95   오시리스(Osiris)는 고대 이집트의 주신(主神)들 가운데 하나로, 명계(冥界)를 다스렸고 죽은 자의 부활을 관장하였다. '위대한 어머니'는 고대 그리스의 여신 키벨레(Kybele)이다. 그녀는 원래는 소(小)아시아 북부 프리지아에서 대지(大地)의 여신으로 숭배되었었다. 미트라스(Mithras)는 원래 고대 페르시아와 인도에서 섬겼던 태양신이었는데, 알렉산더 대왕의 동방 원정 이후에 온 제국에 퍼져

을 통합하는 형식으로서의 기독교를 통찰해 낸 데 있었다. 그 일에 관한 한 그의 본능은 아주 확실했으므로, 그는 무자비하게 진리를 유린해 가면서, 저 찬다라적 종교들이 사람을 현혹하는 데 사용했던 관념을 빌어, 자신이 고안해 낸 "구세주"의 입에 담게 하였다. 그의 입에 담게 했을 뿐만 아니라 — 구세주를, 미트라스 신의 사제들까지도 이해할 수 있는 것으로 만들어버렸다…… 다마스쿠스로 가는 길에 그가 본 환상이라는 게 바로 그것이었다.[96] 그는 "이 세계"를 무가치한 것으로 만들자면 불멸에 대한 믿음이 필요하다는 것을 알아냈으며, "지옥"의 개념이라면 로마도 지배하게 되리라는 것 — "피안"은 삶을 죽이는 데 사용할 수 있다는 것을 알아냈다…… 니힐리스트와 기독교도. 이것들은 운(韻)도 맞아 떨어진다.[97] 아니, 운이 맞아 떨어지는 것만이 아니다……

59

숭배되었으며, 이후 로마제국에서는 미트라스교(敎)의 제신(祭神)으로 널리 숭배되었다.

96   원래 기독교 박해자였던 바울은 다마스커스(오늘날의 시리아 지역)로 가던 중에 갑자기 하늘로부터 한 줄기 빛이 비치면서 목소리가 들려온 것을 경험하였는데, 그는 자신이 본 것이 예수의 환상이었다고 믿고 회심(回心)하여 가장 열성적인 기독교도가 되었다(《신약성경》'사도행전' 9장을 참조).

97   독일어로 'Nihilist(니힐리스트)'와 'Christ(기독교도)'는 운(韻), 즉 단어 끝의 음 '-st'가 일치한다는 뜻이다.

고대(古代) 세계가 이룬 그 모든 일이 **부질없어졌다**. 그처럼 엄청난 일에 대하여 내 감정을 표현할 말이 없다. — 그리고 그 작업이 예비 작업이었다는 것, 수천 년의 시간이 걸리는 일을 위해 화강암 같은 단단한 자의식으로 겨우 기초공사만 해놓았던 것임을 고려할 때, 고대 세계의 **의미** 전체가 부질없어졌다! …… 그리스인들은 무엇 때문에 존재했던가? 로마인은 무엇 때문에 존재했던가? — 하나의 박학한 문화를 위한 모든 전제조건, 모든 과학적 **방법**이 이미 존재하고 있었고, 책을 잘 읽는다는 저 비길 데 없이 훌륭한 기술도 이미 확립되어 있었다. — 문화의 전통, 학문의 통일을 위한 전제조건이 마련되어 있었다., 자연과학은 수학 및 역학과 협력하여 가장 훌륭한 길을 걷고 있었다. — **사실감(事實感)**, 모든 감각 중에서 가장 최후의, 가장 가치 있는 것을 가르칠 학교들이 있었고, 이미 전통이 수 세기 쌓여 있었다! 이해하는가? 일을 착수하는 데 필요한 모든 **본질적인** 것은 이미 찾아낸 후였다. — 수십 번이고 되풀이해 말하지만, 방법이 가장 본질적인 것이며, 또 가장 어려운 것이다. 그것은 습관과 게으름이라는 아주 오랜 적을 두고 있다. 오늘날 우리가 이루 말할 수 없는 자제력으로 (왜냐하면 우리는 모두 아직도 몸속 어딘가에 나쁜 본능, 기독교적 본능을 지니고 있기 때문에) 현실에 대한 자유로운 시각, 신중한 관계, 아주 사소한 것에도 인내와 진지함을 갖는 것, 모든 인식의 **온전함**을 되찾은 것 — 그것들이 이미 있었다! 2천 년도 훨씬 전에 말이다! 그리고, 이것 위에 더 훌륭하고 섬세한 배려와 취향도 있었다! 두뇌 훈련으로서가 아니었다! 우악스러운 방식의 "독일적" 교양으로서가 아니었다! 그러나 육체로서, 몸짓으로서, 본능으로서 — 한마디로, 현실로서 …… 그 모든 것은 부질없는 것이 되고 말았다! 하룻밤 새에 한낱 하나의 기억이 되고 말았다! — 그리스인들이! 로마인들이! 본능과 취미의 고결함, 방법적 탐구, 조직과 통치의 천재성, 믿음, 인간의 미래에 대한 의지, 로마제국으로서 가시적(可視的)으로 드러난, 모든 감각에 드러난, 모든 일에 대한 위대한 긍정, 더 이상 단지 기술이 아니라 진리, 삶이 된 위대한 양식(樣式) …… 그런데 그런 것들은 하룻밤 사이에 자연적 사건으로 무너진 것이 아니다! 게르만인들과 다른 야만족들에게 짓밟힌 것도 아니다. 그것들은 교활하고 음흉하고, 보이지 않는 빈혈증의 흡혈귀들에게 치욕당한 것이다! 정복당한 것이 아니라 — 단지 피를 다 빨린 것이다! …… 숨겨진 복수심, 천박한 시기심이 권력을 장악하고 말았다! 가련한 모든 것, 스스로에 대해 괴로워하는 모든 것, 비열한 감정에 시달리는 모든 것, 그 영혼의 모든 유대적 세계가 단번에 우위를 차지하게 된 것이다! — 기독교 선동자, 이를테면 성 아우구스티누스(St. Augustinus)[98]를 읽어보기만 하면, 어떤 추잡한 자들이 윗자리에 올라서게 되었는지를 알게 될 것이고 냄새를 맡게 될 것이다. 만약 기독교 운동의 지도자들에게 어떤 종류의 지성이 결핍되어 있기 때문이라고 전제한다면, 그것은 스

---

98   성 아우구스티누스(St. Augustinus, 354 ~ 430): 4세기에 알제리와 이탈리아에서 활동한 가톨릭교회 신학자이다. 젊은 시절에 마니교에 심취했다가 나중에 기복교로 개종하여 주교(主敎)로까지 신분이 올라가 활동했으며, 로마 가톨릭 교회에서는 교부(敎父), 성자(聖者)로 불린다.

스로를 기만하는 일이 될 것이다. — 오히려 그런 자들은 영리하
다. 성스러울 정도로 영리하다. 이 교부(敎父)라는 자들은! 그들에
게 결핍되어 있는 것은 뭔가 전혀 다른 것이다. 자연이 그들을 만
들어 낼 때 방심한 것이 있었으니 — 바로 그들에게 존중할 만하
고, 점잖고, 깨끗한 본능을 부여하는 것을 잊은 것이다…… 우리
끼리의 이야기지만, 그들은 남자도 아니다…… 이슬람교가 기독
교를 경멸하고 있다면, 수천 번 옳다. 이슬람교는 남자를 전제로
하고 있기 때문이다……

60

기독교는 우리에게서 고대 문화의 수확을 **빼앗아갔고**, 나중에 우
리에게서 **이슬람 문화**의 수확도 **빼앗아갔다.** 그리스 및 로마보다
근본적으로 우리와 더 친근하고 감각과 취미가 더 풍부한 스페인
의 경이로운 무어인의 문화 세계가 **짓밟혀 쓰러지고 말았다.** (— 어
떤 발아래 짓밟혔는지는 말하지 않겠다 —) 왜냐고? 이 문화는 고귀한
본능, 남성적 본능에 기원을 두고 생겨났기 때문에, 무어인 삶의
드물고 세련된 귀중함을 지니고 있으면서도 삶에 대하여 긍정적
이었기 때문이다! …… 그 후 십자군들은 오히려 자기들이 그 앞
에 엎드려 굴복하는 편이 더 나았을 어떤 것에 대항하여 싸웠으
니 — 우리가 사는 19세기 세계조차 그에 비하면 아주 열악하고
"뒤떨어진" 것으로 여겨질 하나의 문화에 대항한 것이다. — 물

론, 그들은 전리품을 원했다. 동양(東洋)은 부유했으니까…… 그러나 편견을 갖지는 말자! 십자군 원정은 — 고급 해적질이었을 뿐 그 이상은 아니었다! 근본적으로는 바이킹 귀족들이었던 독일귀족들[99]은 해적질이 그들의 본성에 맞았던 것이다. 교회는 어떻게 하면 독일귀족들을 수중에 넣을 수 있을지 너무나 잘 알고 있었다. …… 늘 교회의 "문지기들"[100]이었고, 늘 교회의 온갖 나쁜 본능에 봉사했음에도 보수는 잘 받았던 독일귀족들…… 교회가 바로 독일인의 칼, 독일인의 피와 용기의 도움을 받아서 지상의 모든 고귀한 것과 철천지원수처럼 싸웠던 것이다! 이 자리에서 수많은 고통스러운 물음이 제기된다. 독일귀족은 사실 더 차원 높은 문화사 속에서는 거의 빠져 있다. 그 이유가 짐작이 간다…… 기독교, 알코올 — 두 개의 커다란 타락의 수단 …… 이슬람과 기독교를 두고 볼 때, 아랍인과 유대인을 두고 볼 때, 본질적으로 선택이 있을 수 없다. 결정은 내려져 있다. 여기서 아무도 마음대로 선택할 수 없다. 누구든 찬달라이든가 아니든가 둘 중의 하나이다…… "로마와는 혈전을! 이슬람과는 평화와 우정을." 이것이 저 위대한 자유정신, 독일 황제들 중의 천재, 프리드리히 (Friedrich) 2세[101]가 느꼈던 것이고 행동했던 것이다. 뭐라고? 독

---

99   여기서는 십자군 원정에 참여했던 기사(騎士) 계급을 가리킨다.

100   원문에는 스위스인(Schweizer)라고 되어 있는데, 니체는 여기서 로마 교황 청의 문을 지켜주는 근위대가 주로 스위스 용병들로 구성되어 있는 것을 빗대 어 말한 것으로 보인다.

101   Friedrich II세(1194 ~ 1250)는 독일인으로서 시실리의 왕과 독일의 왕을 겸

일인이 의젓한 느낌을 가지려면 먼저 천재여야 하고 자유정신이이야 한다고? 일찍이 독일인이 어떻게 해서 기독교적인 감정을 지닐 수 있었는지 나는 이해하지 못하겠다……

61

여기서 독일인들에게 수백 배나 더 고통스러운 기억을 건드려 줄 필요가 있다. 독일인들은 유럽이 거둬들여야 할 마지막 위대한 문화적 수확 — 르네상스(Renaissance) — 을 유럽으로부터 빼앗아 버렸다. 이제 마침내 이해가 되는가? 르네상스가 무엇이었는가를 이해하고 싶은 의지가 있는가? 르네상스는 **기독교적 가치의 전도**(Umwertung der christlichen Werte), 모든 수단, 모든 본능, 모든 천재를 동원하여 그 반대 가치, **고결한** 가치를 승리에 이르게 하려던 시도였다…… 지금까지 위대한 싸움은 이 싸움밖에 없었다. 지금까지 르네상스에 의해 제기된 문제보다 더 결정적인 문제는 없었다. — 르네상스가 제기한 문제는 바로 내가 제기하고 있는 문제다. — 또한 완전히 정면에서, 적의 중심에 그보다 더 근본적으로, 그보다 더 직접적으로, 그보다 더 강렬하게 퍼부어 댄 **공격** 형태는 지금까지 없었다! 심지어 기독교의 본거지에서 결정적인 지

했다. '게르만의 기독교 황제'였지만 로마 교황청과는 계속 불화하여 결국 파문을 당했다. 그는 제6차 십자군 원정에 참가하여, 이슬람교도와 싸우지 않고 협상을 통해 예루살렘 시를 손에 넣었다.

점을 공격한 것, 그리고 거기에 **고결한** 가치들을 왕좌에 앉힌 것, 다시 말해 그것들을 왕좌에 앉아 있는 자들의 본능 속에, 가장 밑바닥에 도사린 욕구와 욕망 속에 집어넣은 것이다…… 나는 내 눈앞에 완전히 최고의 매력과 찬란함을 지닌 **가능성**이 펼쳐져 있는 것을 본다. — 나에게 그것은 온갖 떨림 속에서도 세련된 아름다움으로 반짝이는 것 같고, 그 안에는 너무도 신성(神聖)한, 너무 악마적으로 신성한 예술이 작용하고 있는 것처럼 보인다. 그래서 만약 우리가 몇천 년에 걸려서 그와 같은 가능성을 또 한 번 찾으려고 해도 소용없는 일일 것이다. 내가 보는 르네상스라는 하나의 찬란한 광경은 너무 의미심장하고 동시에 너무 기이하게 역설적(逆說的)이어서, 올림포스의 모든 신들이 보았더라면 영원히 그치지 않는 웃음을 터뜨렸을 그런 광경이다. — **체사레 보르자가 교황이라니**…… 내 말이 이해가 되는가?…… 좋다. 바로 그것이 오늘날 내가 바라고 있는 승리였을 것이다. — 그것으로써 기독교는 **폐지되고** 말았을 것이다. — 그런데 무슨 일이 일어났는가? 루터라는 한 독일인 수도승이 로마로 갔다. 좌절당한 사제의 온갖 복수심에 찬 본능을 몸속에 지닌 이 수도승은 로마에서 르네상스를 **적대시하면서** 통렬히 비난했다……[102] 그의 증오심은 앞서 일어

---

102   르네상스 문화에 대한 긍정적 시각은 스위스의 독일계 역사가인 부르크하르트(Jakob Burckhardt, 1818 ~ 1897)가 쓴 《이탈리아 르네상스 문화》(1860년)라는 저서를 통해 잘 알려져 있다. 그는 이 저서에서 유럽을 중심으로 한 역사의 시대를 구분하는 개념으로 '르네상스'라는 학술용어를 처음 사용하였다. 니체가 바젤 대학에 재직할 당시 그는 신배 교수였는데 니체는 그를 존경했다. 니체의 르네상스에 대한 긍정적인 시각은 아마 당시 르네상스에 대해 쓴 부르크하르

났던 엄청난 사건에, 기독교가 **자신의 원천**에서 극복한 사건에 깊이 감사하는 대신에 — 이 같은 장관에서 자신에게 이로울 수단만 생각해냈다. 종교적 인간이란 오직 자기밖에는 생각하지 않는다. — 루터가 본 것은 교황 제도의 부패였다. 사실은 분명히 그 반대였는데도 말이다. 오래된 부패, 원죄(pecattum originale), 기독교는 더 이상 교황의 자리에 앉아 있지 않았다! 도리어 삶이 그 자리에 앉아 있었다! 도리어 삶의 개선가(凱旋歌)가! 고귀하고 아름답고 대담한 모든 것들에 대한 위대한 긍정이! …… 그러자 루터는 **교회를 회복시켰다**. 그는 그것을 공격하였다…… 르네상스는 — 의미 없는 사건, 영원한 헛수고가 되고 말았다. — 아, 이 독일인들은 이미 우리에게 얼마나 많은 희생을 치르게 했었던가! 헛수고 — 독일인들이 하는 일이라는 것이 늘 이런 식이었다. — 종교개혁. 라이프니츠. 칸트와 소위 독일철학. "해방" 전쟁,[103] 제국 — 이러한 것들에는 매번 기존의 어떤 것, 회복 불가능한 어떤 것

트의 영향을 받았기 때문인 것으로 추측된다.

[103]　프랑스의 군인이자 황제였던 나폴레옹(1769 ~ 1821)은 유럽정복 원정에 나서면서, 신성로마제국을 무너뜨렸고 또 독일도 정복하였다. 그는 독일의 프로이센 왕국을 약화시키기 위해서 프로이센 땅의 라인강 일부를 '라인 16주'로 분할했다. 이에 따라 프로이센의 국력은 약해졌으나, 곧 독일인들 사이에서 자유주의와 민족주의가 일어났고, 결국 그들은 나폴레옹에 맞서 싸우는 '해방 전쟁'을 일으켜 승리하였다. 그리하여 독일은 1813년에 프랑스의 지배에서 벗어났고, 나폴레옹은 황제의 자리에서 물러나 귀양을 갔다. 그러나 나폴레옹의 침략은 다른 한편으로 프랑스보다 사상 면에서 더 보수적이고 뒤쳐져 있던 독일의 자주정신을 키우고 근대화를 이루는데 큰 기여를 하였다. 따라서 '영웅'이자 독일의 적(敵)이었던 나폴레옹에 대하여 니체는 부정적이기보다는 중립적인 시각을 지니고 있는 것으로 보인다.

을 위한 헛수고가 있었다······ 고백하지만 그들, 이러한 독일인
들이 나의 적들이다. 나는 그들이 갖고 있는 온갖 종류의 개념 및
가치의 불결함을 경멸하며, 모든 성실한 긍정과 부정을 대했을
때 그들이 보인 온갖 종류의 비겁함을 경멸한다. 그들은 거의 천
년 동안, 그들이 손댄 모든 것을 헝클어뜨리고 혼란을 야기하였
다. 그들에게 양심은 절반밖에 — 아니 8분의 3밖에 없다! 그 때
문에 유럽이 병들어 있는 것이다. — 그들은 또한 그 양심에 가장
불결한 기독교, 가장 치료하기 어렵고 가장 반박하기 어려운 프
로테스탄트주의(Protestantismus)를 지니고 있다······ 만약에 우
리가 기독교를 없애지 못한다면, 독일인들에게 그 책임이 있을 것
이다······

62

— 이로써 나는 결론에 도달하였으므로 나의 판단을 말하겠다.
나는 기독교에 유죄 선고를 내린다. 나는 기독교 교회에 대하여, 지
금까지 어떤 탄핵자가 입에 담았던 것보다 더 혹독한 탄핵을 가
하는 것이다. 내가 보기에 기독교 교회는 생각할 수 있는 온갖 부
패 중에서도 최고로 부패한 것이며, 생각할 수 있는 부패 중에서
가장 궁극적인 부패에의 의지를 품고 있다. 기독교 교회가 그 타
락의 손길을 대지 않고 그냥 둔 것은 아무것도 없다. 그것은 모든
가치를 무가치로, 모든 진리를 거짓말로, 모든 성실함을 영혼의

비열함으로 만들어버렸다. 그런데 사람들은 아직도 감히 나에게, 소위 교회의 "인도주의적"인 축복에 대해 이야기를 늘어놓으려 한다! 어떠한 불행이 됐든 그 불행을 없애는 것은 기독교 교회의 가장 깊은 실리에는 어긋나는 일이었다. 교회는 불행 덕택에 살아왔고, **스스로**를 영구화하기 위해서 불행을 만들어 냈었다······ 예를 들면 죄악이라는 벌레를. 이러한 불행의 상태를 수단으로 삼아 인류를 풍요하게 만든 것이 교회였다. ― '신 앞에서 영혼의 평등'이라는 것, 이 같은 허위, 모든 비천한 자들이 품은 **원한**을 위한 그 **구실**, 결국 혁명, 현대적 이념, 그리고 사회질서 전체의 쇠퇴원리가 되어버린 그 개념이 지닌 폭발성이 ― **기독교적 다이너마이트**가 ······ 기독교의 "인도주의적"인 축복이라는 것이다! 인간성에서 자기모순을, 자기모욕의 기술을, 어떤 대가를 치르더라도 거짓말하려는 의지를, 모든 선하고 솔직한 본능에 대한 반감과 경멸을 길러내는 것! 그것이 내가 보기에 기독교의 축복이라는 것이다! ― 교회의 유일한 실천으로서의 기생충주의. 빈혈과 "신성 (神聖)"의 이상으로 삶에서 모든 피, 모든 사랑, 모든 희망을 다 빨아들여 고갈시키는 것. 모든 현실을 부정하려는 의지로서의 "피안". 십자가란, 지금껏 있었던 것 중 가장 지하적인 음모 ― 건강, 아름다움, 좋은 바탕, 용감성, 정신, 영혼의 선량함에 적대적인 것, 삶 자체에 적대적인 음모의 인식표(認識票)였다······

기독교에 대한 이 영원한 기소를 나는 벽이 있는 곳이라면 어디에든 적어 놓겠다. ― 나는 장님들도 볼 수 있는 글자를 쓰겠다······ 나는 기독교를 하나의 커다란 저주라고 부른다. 하나의 커다란 내면적 타락, 하나의 커다란 복수 본능이라고 부른다. — 그러한 본능에는 어떤 수단도 독성이 너무 강하거나, 음험하거나, 지하적(地下的)이거나, 하찮은 것이 아니다. — 나는 기독교를 인류가 지닌 하나의 영원한 오점(汚點)이라고 부른다…….

그런데도 우리는 이러한 숙명이 시작된 흉일(凶日, dies nefastus)을 기점으로 — 즉 기독교가 시작된 첫날을 기점으로 시간을 계산하고 있다![104] — 그 대신에 왜 기독교 최후의 날을 기점으로 계산하지 않는 것인가? — 오늘부터, 모든 가치의 전도가 이루어진 오늘부터!……

---

104 이것은 오늘날 온 세계가 서력기원(西曆紀元)을 날덕으로 쓰고 있는 것을 말한다.

◇ 철학자 니체의 삶과 작품

독일 철학자이자 시인으로서 19세기 말과 20세기 전반에 걸쳐 철학은 물론, 다른 정신사의 영역에서도 서양의 어느 사상가보다 지대한 영향을 끼친 프리드리히 니체(Friedrich Nietzsche)는 1844년 10월 15일 프로이센(독일) 왕국의 작센 지방 소읍인 뢰켄(Röcken)에서 목사의 아들로 태어났다. 니체의 아버지 카를 빌헬름 루드비히 니체(Carl Ludwig Nietzsche, 1813 ~ 1849)는 경건주의를 신봉하는 루터교회 목사이자 전직 교사였다. 그는 프란치스카 윌러(Franziska, Oehler, 1826 ~ 1897)와 1843년에 결혼했다. 니체의 집안은 사실 친가와 외가가 모두 교회 목사 집안이어서 그는 매우 '기독교적'인 가정에서 자랐으므로 당연히 기독교의 영향도 깊게 받았다. 그가 나중에 대학에 입학할 때 처음에는 신학을 선택했을 정도로 깊은 영향이었던 것이다. 당시 독일에서 목사는 의사나 변호사를 능가하는 선망의 대상이어서 신학을 공부하면 지위와 수입은 거의 보장받을 수 있었으므로, 머리 좋은 젊은이들은 이쪽으로 지원하는 사람이 많았다. 니체의 친할아버지도 교구(敎區)의 감독목사였으며, 니체의 친할머니의 친정 오빠도 목사였고, 니체의 외할아버지도 목사였다. 그는 상당히 유복한 생활을 하고 있었으므로 니체는 어렸을 때 어머니를 따라 때때로 외가에 가서 지냈다. 외할아버지 집에는 훌륭한 서재가 있었는데, 여기에는 기독교에 관한 책들뿐 아니라 세속적인 책들도 있어서 니체는 이런 것들을 읽으면서 많은 영향을 받았다. 이러한 친정집의 분위기에서 자랐던 니체의 어머니는 신앙심이 매우 깊었고, 순종과 검소함도 몸에 배어 있었다. 이처럼 기독교 전통이 매우 깊은 집안에서 출생하여 어려서부터 깊은 신앙을 배웠고 귀족적인 형식과 도덕적인 엄격성을 중시하는 환경에서 자라 대학도 처음에는 신학을 공부하려고 들어갔던 니체였으므로, 만약 그가 이 길을 계속 갔더라면 분명 당시 장래가 촉망되고 경제적으로도 여유 있는 신학자로서 출세했을 수도 있었을 것이다. 그러나 그는 이것을 포기하였다. 그의 삶에서 자신의 길을 가기 위한 첫 번째 '극복'이었던 것이다. 이처럼 철저히 기독교적인 환경에서 자랐던 니체가 훗날 기독교의 신앙으로부터 벗어나고, 그것도 가장 반(反)기독교적인 입장으로 돌아선 뒤에 그의 최후의 심혈을 기울인 저작이라 할 수 있는 《안티크리스트(Antichrist)》에서 기독교 자체의 존재성과 도덕성을 통렬하게 비판하게 되는 것은 매우 흥미롭고도 의미심장한 일이라 할 수 있다.

니체가 죽을 때까지 평생 그와 가까이 있으면서 버팀목이 되어 준 여동생 엘리자베스는 1846년에 태어났고, 1848년에는 남동생 루드비히 요제프가 태어났다. 이해 2월에 마르크스와 엥겔스가 〈공산당 선언〉을 발표했고, 같은 달에 프랑스의 파리에서는 '2월혁명'이 일어났다. 그리고 뒤이어 독일에서도 시민혁명이 일어났다. 그러나 절대왕권을 옹호하는 보수적 입장이던 니체의 아버지는 이 사건으로 큰 충격을 받았고, 그해 8월 말부터 갑자기 뇌질환을 앓기 시작하여 이듬해인 1849년 7월에 세상을 떠났다. 그 이듬해에는 니체의 어린 남동생마저 죽었다. 이때부터 니체의 가정에는 시련이 닥쳤다. 니체의 아버지가 사망했으므로 그의 가족은 지금까지 지내던 목사의 사택을 후임목사에게 넘겨주고 떠나야 했고, 과부가 된 니체의 어머니는 이제부터 스스로의 힘으로 대가족을 책임져야 했다. 그들 가족은 니체 할머니의 의사에 따라 이웃 도시, 즉 동부 독일의 잘레(Saale) 강변에 있는 나움부르크(Naumburg)의 셋집으로 이사했다. 이곳에서 니체는 할머니와 어머니, 아버지의 결혼하지 않은 두 자매, 누이동생, 하녀와 함께 살며 어린 시절을 보냈다. 니체의 어머니는 자신의 청춘을 자식들을 위해 헌신하기로 각오하고 살았으며 자신의 기독교적인 가치관을 철저하게 유지했다. 그러나 니체는 성장하면서 점차 이런 정신세계를 너무 협소하게 느끼고 여기에서 벗어나고 싶어 했다. 그는 1850년에 나움부르크의 공민학교에 입학했고, 그 후 1854년에는 같은 도시의 인문학교인 돔 김나지움(Domgymnasium)에 다녔다. 니체는 늘 독서를 즐겼고, 이즈음부터 음악과 언어에서 재능을 나타내기 시작했다. 1858년에는 나움부르크에서 가까운 시골에 있는 기숙사학교 슐포르타

(Schulpforta)에 입학해서 1864년까지 학업을 계속했다. 이곳은 엄격한 수도사 생활과 인문주의적 교육으로 유명한 명문학교였다. 이 학교에서 니체는 학업 성적도 좋았고 얌전한 소년, 예의 바르고 종교적 열성을 보이는 소년으로 사람들에게 인식되었다. 그러나 여기서 그는 서서히 그에게 사상과 세계관에 변화를 가져다 주게 될 과목들, 특히 고대 그리스·로마의 문학과 철학을 좋아했다. 그리고 독일문학에서는 당시 독일에서 널리 읽히던 괴테와 실러, 그리고 기인(奇人)으로 취급되던 시인 횔덜린(Hölderlin)을 즐겨 읽었다. 특히 고대 그리스적 삶을 이상화(理想化)한 횔덜린의 작품《히페리온(Hyperion)》을 읽고 큰 감동을 받았다. 말년에 광기에 휩싸여 어느 구두제조공 집의 다락방에서 30년 넘게 외롭게 살다 죽은 이 불행한 시인의 운명은 훗날 니체의 운명과도 너무나 비슷한 데, 어쩌면 소년시절의 니체는 이미 자신의 훗날의 모습을 이 시인에게서 예감했던 것은 아닐까? 이 학교에서 니체는 파울 도이쎈(Paul Deussen)과 친구가 되었다. 도이쎈은 훗날 인도학 연구가로서, 니체가 인도 및 동양에 대한 지식을 얻는데 도움이 되어준 인물이다. 이 시절에 이미 니체는 기독교에는 별로 관심이 없어졌고 오히려 비판적인 입장으로 돌아섰다. 1863년(19세)에 가서 그는 역사 쪽에 더 깊은 관심을 가졌는데, 특히 동고트족(Ostgoten)의 전설적인 왕 에르마나리히(Ermanarich)와 독일민족의 전설인《니벨룽겐(Nibelungen)》이 그의 마음을 사로잡았다. 여기에 등장하는 인물들의 특징은 죽음과 파멸을 예감하면서도 이를 각오하고 용감하게 자신의 주장을 관철하기 위

해 투쟁하는 강인한 모습이었다. 이런 독일의 역사와 전설 속의 인물들에 공감하면서 니체의 마음속에는 훗날 그가 전개하려는 운명과 자유의지(自由意志)에 관한 사상이 이미 태동하고 있었다.

1864년(20세)에 슐포르타 학교를 졸업한 후, 니체는 독일 서부 라인강변의 도시 본(Bonn)의 대학으로 가서 신학(Theologie)과 고전문헌학(古典文獻學, klassische Philologie)을 공부하기 시작했다. 문헌학은 언어를 역사적으로 비교하면서 연구하는 학문이었다. 특히 고대 그리스의 문학과 철학의 문헌에 관심이 깊었던 니체는 먼저 그리스의 비극에 대한 문헌학적 연구를 하면서 그리스 문화 전반에 대해 미학적, 철학적인 통찰을 키워나갔다.

그러던 중 그가 결정적으로 신학 공부를 중단하고 자신의 신앙도 상실하도록 만드는 계기가 찾아왔다. 바로 1865년에 청년헤겔학파에 속해 있던 다비드 F. 슈트라우스가 쓴 《예수의 생애》(1835~1836)라는 책을 읽고 깊은 영향을 받은 것이었다. 이 책은 예수의 생애에 대해, 종래의 기독교에서 말하는 것은 역사적 진실이 아니라 전설에 불과하다고 주장하고 있었다. 이 주장은 젊은 니체에게는 신선한 충격이었고 드디어 그는 기독교적 사상에서 벗어나게 되었다. 그러나 니체는 얼마 안 가서 슈트라우스의 영향에서 벗어났으며, 그의 훗날의 저서 《반시대적 고찰 (Unzeitgemäße Betrachtungen)》(1873~1876)의 첫 부분 '고백자이며 작가, 다비드 슈트라우스'에서 그를 다루면서 비판하고 있다. 그는 후에 가서 《안티크리스트》(제28장)에서 슈트라우스에 대해 다음과 같이 결정적으로 이야기하고 있다. "슈트라우스(Strauss)

의 저작을 음미했었지만, 지금은 아주 먼 옛날 일이다. 그 당시 나는 스무 살이었다. 지금의 나는 그러기에는 너무나 진지하다. '전승(傳承)'이 갖고 있는 갖가지 모순점들이 지금의 나와 무슨 상관이 있는가?" 즉 예수의 생애를 '전설적'인 차원에서 다룬 슈트라우스에 대하여 비판하면서, 니체는 자신이 생각하는 예수의 모습과 그 모순성을 이 《안티크리스트》에서 처절하게 파헤치고 있는 것이다.

본 대학에서 니체는 프리드리히 빌헬름 리츨(F. W. Ritschl) 교수 밑에서 학업에 집중했고, 이듬해인 1865년에는 리츨 교수를 좋아하여 그를 따라 라이프치히 대학으로 옮겼다. 그러나 리츨 교수가 순수문헌학을 고집하여 문헌학이 철학과 섞이는 것을 반대하는 것을 보고, 순수문헌학의 연구에만 만족할 수 없었던 니체는 한계를 느꼈다. 또한 1865년 10월 말경에 그는 우연히 책방에 들려 헌책들을 뒤적이다가, 쇼펜하우어의 《의지와 표상으로서의 세계(Die Welt als Wille und Vorstellung)》라는 책을 발견하고 큰 충격을 받았다. 그는 이 책을 통해 서구적인 이성(理性)으로 이해되거나 역사적 의미에 의해, 그리고 도덕적으로 이해되는 세계는 진정한 세계가 아니라는 것을 깨닫는다. 그 후 약 2년 가까이 쇼펜하우어 철학에 몰두해 있던 니체는 그러나 서서히 그의 염세주의적인 철학이 자신과 맞지 않는다는 것을 깨닫고, 이때부터 자신의 독자적인 사상과 표현방식을 스스로 연구해나가기 시작했다. 1866년 6월에 프로이센과 오스트리아 간의 전쟁이 발발하자 니체는 군에 소집되었으나, 고도 근시(近視)로 징집이 연기되었다. 그러나 그는 나움부르크에 주둔하던 프로이센의 야전 포병부대에 지원하여 1867년 10월부터 1년 동안 포병부대 기마병으로 복무했다. 그러나 1868년 3월에 말을 타다 사고를 당해서 가슴을 심하게 다쳤고, 후송되었으나 더 이상 군복무를 지속할 수 없었다. 이후 니체는 평생 병에 시달리게 된다. 그는 1868년 10월 라이프치히대학으로 돌아와 학업을 계속했고, 11월에는 리츨 교수 부인의 소개로 라이프치히에서 당시 독일의 최고 음악가인 리하르트 바그너(Richard Wagner)와 처음으로 만났다. 바젤에 있을 당시 바그너는 니체와 매우 친밀한 관계를 유지했으며, 독일 남부의 바이로이트(Beyreuth)에 있는 자신의 축제극장(Bayreuth Festspielhaus)에 초대하기도 했다.

25세 때인 1869년 3월에 니체는 라이프치히 대학에서 시험과 논문 검사를 거치지 않고 그 동안 출판된 저술들만으로 박사학위를 받았다. 그런 다음에 리츨 교수의 도움으로 스위스 바젤대학교의 고전문헌학 교수에 취임했다. 그리고 5월에 〈호메로스와 고전 문헌학(Homer und die klassische Philologie)〉이라는 제목으로 바젤대학에서 취임 강연을 했고, 같은 달에 스위스 루체른 근교의 작은 마을에 있는 바그너의 별장을 방문했다. 여기서그는 바그너에게 완전히 매혹당해 그를 극찬했다. 1870년에 니체는 바젤 대학에서 능력을 인정받아 정교수로 승진했다. 이 해에 프랑스 세력을 몰아내고 독일의 통일을 실현하려는 비스마르크 수상의 의도에 따라, 7월 19일에 프랑스와 프로이센 간의 전쟁(보불전쟁)이 발발했다. 니체는 1870년에서 1871년까지 다시 이 전쟁에 지원하여 간호 부대에서 활동했으나, 결국 여기서 이질과 디프테리아에 감염되어 병상에 눕고 말았다. 다시 바젤 대학교로 돌아왔지만, 이때 얻은 병 때문에 이전과 같은 건강은 되찾지 못하고 제대한 뒤 평생 병고에 시달리는 몸이 되었다.

27세이던 1871년 2월, 병으로 휴가를 얻은 니체는 나움부르크에서 온 여동생과 함께 이탈리아의 루가노에 가서 체류하면서, 그 동안 바그너의 음악 가운데 비극 〈트리스탄과 이졸데〉를 듣고 매혹된 것의 영향을 받아, 처녀작 《비극(悲劇)의 탄생(Die Geburt der Tragödie)》을 저술하여 출판했다. 이 저작에서 니체는 바그너의 음악과 쇼펜하우어의 형이상학의 영향을 받아 그리스비극의 정신이 진실한 문화 창조의 원천이라고 밝히고 있다. 즉 종래에 인식되었던 고대 그리스적 조화로움과 청명함은 아폴론적 가상(假象)에 지나지 않으며, 그 배후에는 더 근원적인 음악 정신, 즉 충동적이고 파괴적인 디오니소스적 도취가 존재하고 있으며 이것이 진정한 삶의 근원이라는 것이었다. 이것은 지금까지와는 전혀 다른 새로운 그리스관(觀)이었다. 그러나 이러한 니체의 새로운 발상은 리츨 교수와 같이 문헌학계에서 전통적인 그리스관에 젖어 있던 동료들에게는 경악스러운 일이었다. 이 책 때문에 리츨 교수를 비롯해 문헌학계에서는 니체를 완전히 이단자 취급하면서 냉담하게 대했고, 니체는 바젤 대학 강의에서 수강생이 급격히 줄어드는 등 학계에서 소외를 당했다.

그러나 니체의 새로운 사고방식은 단지 그리스 문화에만 국

한되지 않고 독일 국민과 기존의 유럽문화에 대한 회의(懷疑)로까지 확대되어, 1873년에《반시대적(反時代的) 고찰》의 제1부 〈신앙고백자 및 저술가 다비드 슈트라우스〉가 출간되었다. 이 책은 1873 ~ 1876년까지 그의 건강이 악화되어 강의를 중단하던 시기에도 계속 쓰여져 총 4편에 이르렀다. 결국 니체는 그의 사상이 변화함에 따라 그가 초기에 그토록 매료되었던 '그리스적'인 것에서 벗어나게 된다. 따라서 이 그리스적 세계의 극복은 그가 자신의 길을 가기 위한 두 번째의 극복 과정이었다고 볼 수 있을 것이다.

1876년(32세)에 니체는 자신이 존경하던 음악가인 바그너가 독일 바이로이트 극장의 낙성을 기념하는 축제극에 참석하였다. 바이로이트 제전은 1876년부터 시작되었는데, 그때까지만 해도 바그너를 매우 존경하고 있던 니체는 바이로이트 제전의 창립을 돕기 위해서 많은 노력을 바쳤었다. 그러나 거기서 그는 음악가로 성공한 바그너가 보이는 오만함과 공연의 진부함, 그리고 바그너가 지나치게 기독교의 구원 사상에 몰입하여 그것을 주제로 한 악극(樂劇)《파르치발》을 계획하는 것을 알고서 실망했다. 바그너에게서 진정한 '독일적인 것'을 발견하고 독일 예술의 새로운 가능성을 보았다고 믿었던 자신의 생각이 잘못되었다는 것을 깨닫고 결국 이 음악가와 멀어지게 되었다. 그리고 그 환멸감으로 인해 니체는 기존의 모든 '독일적인 것'에 등을 돌리게 되었고, 당시 새로 탄생한 '독일제국'에 대해서까지 비판적으로 되어 갔다.

그 사이 그의 병세는 더욱 악화되어 결국 1879년 6월, 35세에 바젤대학교를 사직하고 이후 대학이 지급하는 연금으로 생활하게 되었다. 그는 알프스산과 이탈리아와 프랑스의 해변을 전전하는 투병생활을 하면서 사색을 계속하여 1878년에, 그 특유의 경구(警句)로 가득 찬《인간적인 것, 너무나 인간적인 것(Menschliches, Allzumenschliches)》을 출판했다. 이 책에서 그는 헛된 이상에 들떠 있는 이상주의자들이나 예술에 빠져 있는 천재들을 '너무나 인간적인 것'으로 비판하였으며, 여기에는 바그너도 포함되었다. 바그너와 그의 아내 코지마는 곧 이 책에 대해 비난을 퍼부었다. 당시 니체 스스로 "내 생애에서 가장 암담한 겨울"이라고 할 만큼 병세가 악화되자, 1880년 초에 그는 바젤을 영구적으로 떠나 남쪽으로 갈 결심을 하였다. 그리고 1881년(37세) 7월에서 9월까지 스위스의 실스-마리아(Sils-Maria)로 가서 체류했는데, 8월에 실바플라라 호반에서 문득 강렬한 영감에 사로잡혀 인생은 있는 그대로의 모습으로 의미나 목표도 없이 필연적으로 회귀한다는 '영원 회귀'의 사상이 머리에 떠올랐다. 그러자 이어서 그는 뒤에 집필하게 될《차라투스트라는 이렇게 말했다(Also sprach Zarathustra)》의 제1부를 구상하기 시작했으며, 또 다른 저작인《즐거운 학문(Die fröhliche Wissenschaft)》도 쓰기 시작했다. 여기에서 니체는 그 동안 기독교적인 신(神)의 권위 및 존재에 의미와 가치를 부여해온 것을 처음으로 의식적(意識的)으로 부정했다. 이듬해인 1882년 4월에는 친구 파울레와 함께 로마에 갔다가 러시아 여성인 루 안드레아스 살로메

(Lou Andreas-Salomé)를 알게 되었다. 인습에 구애되지 않는 자유분방한 생활을 사랑하던 이 여성에게 반한 니체는 곧 그녀에게 구혼했으나 거절당하고 말았다. 이로 인해 니체는 더욱 고독감을 느꼈지만, 이를 마음속으로 극복하면서 이해 가을에 《즐거운 학문》을 완성하여 출판했다. 이때부터 정신이상으로 쓰러지기 전인 1889년 초까지는 그의 철학이 완성되는 후기에 속한다. 1883년, 이탈리아의 제노바 가까이에 있는 작은 마을 라팔로(Rapallo)로 도피하여 《차라투스트라는 이렇게 말했다》를 집필하고 있을 무렵에 바그너가 사망했다. 아이러니컬하게도, 그가 과거에 숭배하던 스승의 천재성을 부정하면서 자신의 '초인(超人, Übermensch)'의 탄생을 예고하고 있을 때 바그너가 죽은 것이다. 니체 스스로 천재를 숭배하던 시기와 이를 다시 부정(否定)하던 시기를 거쳐, 만년의 가장 창조적인 시기는 이렇게 시작되었다. 《차라투스트라는 이렇게 말했다》 제4부까지 완성되는 시기를 거쳐, 1886년(42세)에는 니스에서 《선악의 저편(Jenseits von Gut und Böse)》의 서곡(序曲)을 완성하여 자비로 출판했다. 이 책에서 니체는 당시 유럽의 종교학자들이나 철학자들이 선악이나 도덕에 대해 기존의 기독교적인, 또는 자신들이 내세운 '진리'를 아무런 의심도 하지 않고 당연한 것으로 받아들여 온 것에 반발하여, 잠언과 경구들을 적절히 사용하여 기독교적인 선과 악에 대한 기존의 사상을 뒤집었다. 그러나 이 책이 세간의 혹평을 받자, 그는 그 속편으로 1887년에 《도덕의 계보학(系譜學)(Zur Genealogie der Moral)》을 써서 출판했다. 이것은 유럽 윤리사상

의 비판서로서《선악의 저편》에서 주장했던 사상을 요약해 하나의 이론 체계로 정리한 책으로, 여기서 니체는 사람들이 이세까지 신봉해 온 도덕적 가치 판단이란, 고대의 전사(戰士)나 귀족의 고귀한 도덕에 대한 기도교적 노예들의 원한 감정이 쌓여 일으킨 반란, 즉 '노예도덕'에 지나지 않는다고 설명한다. 그가 나중에 가서《안티크리스트》에서 주장할 내용들이 여기에서 이미 일부 선취적(先取的)으로 나타나고 있는 것이다.

그 이듬해인 1888년(44세)은 니체의 창조적 생산력이 최고조에 달하던 시기였다. 그는 건강 악화 속에서도 그야말로 자유롭게 가치 창조를 하면서《바그너의 경우(Der Fall Wagner)》,《우상(偶像)의 황혼(Götzen-Dämmerung)》,《이 사람을 보라(Ecce Homo)》,《안티크리스트(Der Antichrist:반(反)그리스도)》등을 잇달아 저술했다. 이해 4월에 이탈리아의 토리노(Torino)로 가서 지내기 시작했는데, 이곳은 많은 광장과 궁정이 있는 대도시로서 그의 취향에 맞는 곳이었다. 또 이 도시에는 매우 긴 회랑(回廊)이 있어서 산책하기에 좋았다. 그러나 1888년 말부터 매독 감염의 증상으로 보이는 정신착란의 징후가 니체에게 나타나기 시작했고, 결국 그는 자신의 마지막 작품인 〈디오니소스 송가〉를 완성시킨 직후, 1889년 1월 3일, 토리노의 카를로 알베르토 광장으로 산책을 나갔다가 졸도하고 말았다. 산책 중에 길에서 마부가 말에게 매질하는 모습을 목격하자 놀라 몸을 던져 말의 목을 감쌌고, 곧 바닥에 쓰러져 정신을 잃고 만 것이다. 그 후 그는 이틀밤낮을 혼수상태로 있다가 다시 깨어났는데, 이때부터 정신착란 증세를 보이기 시작했다. 그는 친구들이나 알지 못하는 저명 인사에게 편지를 쓰고, 거기에 "디오니소스, 십자가에 매달린 자, 안티크리스트"라고 서명해서 보내기도 했다. 니체의 이상한 편지를 받고 달려온 친구 오버베크가 그를 바젤의 정신병원에 입원시켰는데, 진행성 마비증이라는 진단이 나왔다. 급히 독일에서 온 어머니가 그를 독일 예나로 데려가 대학 부속병원에 입원시켰고, 이후 그는 완전히 정신을 상실한 채 생애의 마지막 10년을 보냈다. 그는 어머니가 살았던 나움부르크에서 8년을, 어머니의 사후에는 바이마르의 누이동생 엘리자베트 곁에서 2년을 지내다가 결국 사망한다. 과거에 그와 사이가 틀어진 후 자신의 길을 가기로 결심한 누이동생 엘리자베트는 남편 베른하르트 푀르스터(Bernhard Förster)를 따라 파라과이에서 식민지 개척에 참여하려고 그곳으로 떠났었는데, 1889년에 남편이 자살하자 다시 독일로 돌아와 병든 오빠를 보살피게 된 것이다. 그러나 그녀는 니체의 작품들에 마음대로 손을 댔고, 개인적인 욕심과 공명심에 사로 잡혀 니체가 예전에 소각하라고 주었던 원고들을 버리지 않고 모아서 오빠의 사후인 1901년에 《권력에의 의지(Der Wille zur Mahct)》라는 제목의 책으로 출판했다. 비록 니체는 병상에 있었지만, 1891년에 그의 제자인 페터 가스트(Peter Gast)가 니체 어머니의 부탁으로 나우만(Naumann) 출판사와 상의하여 전집 발행을 계획했다. 니체가 50세가 되던 1894년에는 그의 병세가 악화되어 외출을 못하게 되었지만, 가족과 제자의 도움으로 2월에 최초의 《니체 문고(Nietzsche-Archiv)》가 나움부르크의 집에 설치되었다. 아들 때문에 오랜 세월 가슴앓이를 했던 어머니가 1897년에 세상을 떠났다. 그러나 이 당시 니체의 책들이 팔리기 시작했고 인세도 상당히 들어왔으므로, 누이동생 엘리자베트는 독일 동부의 바이마르(Weimar) 시에 정원이 있는 넓은 주택을 구입하여 니체를 그곳으로 데려갔다. 바이마르는 니체가 유일하게 존경하던 문호 괴테(Goethe)가 일찍이 오랫동안 바이마르 공국(公國)의 재상(宰相)으로 지내면서 독일문화의 최고 전성기를 이루었던 곳이기도 하다. 니체의 집은 도시를 내려다볼 수 있는 언덕에 위치해 있었으므로, 그는 가정부의 간호를 받으며 베란다의 소파에 앉아 말없이 도시와 숲을 바라보며 지내다가 결국 1900년 8월 25일 새벽 2시에 이곳에서 파란만장한 삶을 마감했다. 임종 시에 누이동생이 다가오자 그는 눈을 떠서 말없이 그녀를 바라본 후 곧 눈을 감았다. 그의 나이 56세였다. 니체가 사망하자 누이동생은 28일, 고향 뢰켄에 있는 아버지의 묘 옆에 오빠를 안장했다. 이로써 가장 기독교적인 가정에서 태어나 자랐으면서도 당대의 그 누구보다도 더 기독교에 반대하고 주위의 냉대와 고독을 감수하면서도 포기하지 않고, 기존의 도덕과 가치관을 뒤엎고 진정한 새로운 삶의 가치를 세우려고 몸부림치며 살았던 니체는 19세기를 마감하며 세상을 떴고, 그에 대한 세인(世人)의 평가는 20세기로 넘어가게 되었다.

◇ 운명의 책《안티크리스트》에 대하여

1888년은 니체의 삶에서 가장 창조적이면서도 가장 슬픈 시기이기도 하다.《안티크리스트》를 비롯하여 여러 저작들을 한꺼번에 쏟아내었으면서도, 또 한편으로는 그의 병세가 가장 악화되어 이제 더 이상 돌이킬 수 없는 상태로 치닫게 되는 시기였기 때문이다. 니체의 삶 속에서 그의 사상의 발전의 단계를 크게 셋으로 나눈다면, 첫째는 초기에《비극의 탄생》에서 보여주듯이 그리스 사상과 문화에 대한 니체 특유의 새로운 해석을 내리고자 모색하던 시기이며, 둘째는 그의 '자유정신'을 토대로 기존의 유럽식 형이상학을 넘어서서 새로운 철학을 도모하던 시기로, 이때의 그의 사상의 핵심은 '영원회귀'를 주제로 하여 쓴《차라투스트라는 이렇게 말했다》에서 나타나는 '초인(超人, Übermensch)'사상이었다. 세 번째 시기는 1886년에 출간된《선악의 저편》을 시작으로 기존의 서구적(西歐的)인 가치관과 도덕관을 재고하고, 특히 기독교 도덕에 대하여 근본적으로 비판하기 시작하여《안티크리스트》에서 그 비판정신이 절정에 이르는 시기였다. 흥미로운 것은, 이 작품에 앞서 이미 《차라투스트라는 이렇게 말했다》에서 초인으로 등장하는 '차라투스트라'라는 인물이 설파하는 사상과 그의 행적은 나중에 쓰여질 《안티크리스트》에 등장하는 '예수'와 대조되는 인물로서 매우 뚜렷이 부각되고 있다는 점이다. 《차라투스트라는 이렇게 말했다》에서 차라투스트라는 10년 동안 산 속에서 고독히 성찰한 자신의 깨달음을 사람들에게 전파하기 위해 하산한다. '차라투스트라'는 원래 페르시아의 고대 종교인 '조로아스터교'의 창시자로서 대개 기원전 6세기경에 활동한 것으로 알려진 차라투스트라(Zarathustra), 즉 영어 발음으로 '조로아스터(Zoroaster)'의 독일식 이름이다. 그는 선과 악의 이원론적인 세계, 죽은 후의 심판과 부활 등에 대해서 설교했다. 그가 숭배하는 신은 '선(善)'을 상징하는 신 '아후라 마즈다'였고 이 신의 상징물은 선, 즉 밝음을 상징하는 태양 또는 불이었다. 이 종교는 신에게 예배를 드릴 때는 항상 불을 피워놓았으므로 불을 숭배한다는 의미로 배화교(拜火敎)라고도 불렀다. 조로아스터교는 페르시아 제국이 강대국이던 시절에 페르시아에 널리 퍼져 있었다. 당시 바빌론에 포로로 잡혀 와 고초를 겪고 있던 유대인들은 바빌로니아를 멸망시킨 페르시아 왕의 선처 덕택에 포로상태에서 풀려나 고향으로 돌아갈 수 있었고, 그들은 이 조로아스터교의 사상의 일부를 적극적으로 그들의 종교에 도입하였던 것이다. 그러나 니체의 책에 등장하는 차라투스트라는 그 종교 창시자와 이름만 같을 뿐, 그와는 전혀 다른 '영원 회귀' 사상을 설파하고 있다. 니체는 차라투스트라의 입을 빌어서 기독교 신자들의 거짓 이론과 위선과 가식에 갇혀있는 현실 세계를 '배후세계론자'들의 세계로 보고, 그런 형이상학자들의 허황된 논리에 대해 비판하면서, 이 모든 가치들을 떠나 대지에 삶의 기반을 두고 그것들과 싸우라고 말한다. 차라투스트라는 신(神)의 죽음을 배경으로 하는 '초인'의 도래를 예고한다. 초인은 신의 절대성을 부정하고 창조적인 의지를 갖는 인간의 궁극적인 목표 존재인 것이다. 즉 기독교적 신이라는 절대적인 존재를 부정하고 자유로운 정신을 추구하는 차라투스트라를 통해, 우리로 하여금 기존의 특정한 가치 및 제도에 갇혀버려 그것을 맹신하는 수동적이고 비관적인 삶의 태도에서 벗어나도록 촉구하고 있다. 그리고 특히 유럽의 기독교적인 어두운 정신사관에 갇혀 있는 많은 사람들에게, 삶 그 본래의 모습을 바라보고, 참된 삶을 어떻게 살아가야 할지 생각해보도록 하였던 것이다.

그 후 1888년에 쓰여진 《안티크리스트》에서는 이 차라투스트라의 모습과 사상이 더욱 발전하고 더 극단적으로 형상화되어 화자(話者)의 모습으로 나타난다. 이 절정의 해에, 니체는 자신의 악화된 건강에도 불구하고 혼신의 힘을 다하여 자신의 철학을 마지막으로 완성히여 갔던 것이다. 《안티크리스트》는 1888년 9월 3일에서 30일 사이 단기간에 쓰였다. 앞서 《우상의 황혼》을 완성한 직후였다. 원래 니체는 《힘에의 의지》라는 제목을 붙일 저작을 준비하고 있었으나, 1888년에 가서는 그 계획을 단념하고 《모든 가치의 전도(Umwertung aller Werte)》라는 제목으로 쓰려고 하였다. 그리고《안티크리스트》는 그 책의 제1부로 삼을 의도였던 것이다. 실제로 니체는 이 책을 쓴 후, 1888년 11월 20일 덴마크의 독문학 교수 브란데스(G. Brandes)에게 보낸 편지에서 자신은《안티크리스트》를 '모든 가치의 전도'로 보고 있다고 밝혔다. 이 책은 1895년에 라이프치히의 나우만(Naumann) 출판사에 의해 초판이 출간되었다.

"Der Antichrist"라는 독일어 제목은 사실은 '반(反)기독교도'라는 의미로 해석된다. 독일어에서 'Christ'는 '기독교도(基督敎徒)'라는 뜻이고, 그리스도에 해당하는 말은 'Christus'이기 때문이다. 그러나 이 말이 처음으로 나타나는《신약성경》의 '요한서'에서는 그리스어로 'ἀντὶ Χριστοῦ, ὁ Ἀντίχριστος' 즉 Antichristus로 나타나 있다. 이에 따라 이 말은 '반(反)그리스도' 또는 '적(敵)그리스도'라고 번역되기도 한다. '안티크리스트'라는 의미를 담은 말이 처음 생겨난 것은 이미 고대 유대교의 신앙 안에서였다. 바빌론 유수를 겪으면서 유대인들은 자신들을 포로생활에서 풀어준 페르시아의 조로아스터교의 영향을 받아 종말사상을 유대교에 도입하였으며, 이는 특히 묵시문학에서 기원전 160년경에 유대교를 핍박하던 셀레우코스 제국의 안티오쿠스(Antiochos) 4세를 신(神)의 모독자이자 적(敵)으로 지적하고, 최후의 신의 심판 때에 그와 같이 신에게 거역하는 세계제국들을 멸망시키리라는 예언에서부터 시작되었다. 이러한 종말론적인 사고방식과 예수 그리스도가 재림하기 이전에 그에게 대적하여 나타날 인물로서의 '안티크리스트'의 칭호는 구체적으로《신약성경》의 '요한서'에 "(신으로부터) 기름 부은 자에게 대적하는" 자(즉 '안티 크리스토스')로서 그에 대하여 그릇된 가르침을 전파하는 자로서 등장한다. 안티크리스트는 다른 말로 '악마' 또는 '악령'으로도 불렸다. 사도 바울(Paulus)은 '데살로니가 후서'에서 그리스도가 재림하기 전에 "불법자"가 나타날 것이라고 이야기하고 있다. 안티크리스트 사상은《신약성경》을 통해 계속해서 더욱 집약적으로 발전해 가며, 이미 기독교가 확고하게 발판을 마련한 중세에도 그 사상은 전혀 약화되지 않고 지속되었다. 오히려 중세에는 기독교 내에서 교리(敎理)의 정통성을 두고 서로 다투던 교파(敎派)들 간에, 또는 세력 다툼을 하던 교부(敎父)들 간에 서로 상대방을 '안티크리스트'라고 부르면서 대적하는 상황이 종종 발생하기도 하였다. 그러면서 이 안티크리스트라는 인물에게는, 그가 예수처럼 처녀 마리아에게서 태어난 것이 아니라 유대인의 자손이라는 등 여러 가지 속성이 첨가되거나 그 속성이 바뀌기도 하였다. 이후 이 명칭은 기독교 내에서 그 대상이 바뀌어가면서 계속해서 기독교 사상에 반대하는 자, 이교도, 또는 같은 기독교 내에서일지라도 스스로 정통 기독교도라고 생각하는 자들이 자기들의 적대자들이나 "거짓 예언자" 등을 가리키는 말로 쓰이기도 하였다. 아무튼 기독교에 위험을 가하는 상징적 인물로서의 '안티크리스트'의 존재에 대해서는 서양의 중세에서는 전혀 의심하지 않았으며, 이는 종교개혁이 진행되던 시대에도 마찬가지였다. 예를 들면 종교개혁가의 선두에 섰던 마르틴 루터와 일부 신학자들은 당시 부패한 로마 가톨릭 교회의 교황을 가리켜 그의 권위를 신의 말씀보다 더 우위에 놓고 있다며 이는 '안티크리스트'와 같다고 불렀다. 뒤이어 나타난 반(反)종교개혁자들은 이번에는 거꾸로 종교개혁가들을 가리켜 종말의 시대에 나타날 안티크리스트에 앞서서 나타나는 자들이라고 부르며 공격했다. 이와 같은 상호적대적인 의미에서 사용되던 안티크리스트는 19세까지도 그 위세가 전혀 꺾이지 않고 계속 사용되었다.

이 말은 그동안 우리나라에서 다른 관련서들이나 다른 번역서에서 '반그리스도'라고 종종 번역되어 왔다. 따라서 이러한 정황을 고려할 때 'Der Antichrist'는 '반그리스도' 또는 '반(反)기독교도'라고 번역할 수 있을 것이다. 이런 경우, 이 말은 한편으로는 예수 그리스도에 대한 비판과 기독교도에 대한 비판이라는 두 가지 의미를 다 포함하고 있는 것이다. 이런 점을 감안할 때 혼란을 피하기 위하여 역자는 이 역서의 제목을 원제 그대로《안티크리스트》로 두었다. 니체는《안티크리스트》와 같은 해에 저술한《이 사람을 보라!(Ecce Homo)》에서는 "나는 (……) 안티크리스트다(Ich bin (……) der Antichrist)."라고 분명하게 자신을 표현하고 있다. 즉 과거에 부정적으로 쓰이기만 하던 '안티크리스트'의 이미지를 완전히 바꾼 인물이 바로 니체였다. 그는 일반사람들이 스스로를 가리키기를 꺼리고 두려워하는 이 명칭을 오히려 자신의 책 제목으로 삼았으며, 심지어 자신을 아예 '안티크리스트'라고 부르면서 기독교에 대한 공격의 포문을 열기 위한 준비를 하고 있는 것이다. 니체의 저서들 중에는 '선악의 저편', '이 사람을 보라'와 같이 그 제목이 기독교의 용어를 빗대어 지은 것들이 여럿이지만, 그중에서도 이《안티크리스트》는 니체가 그의 삶의 마지막 여정 속에서 가장 도발적이고, 그의 사상을 가장 분명하게 드러내는 제목으로 삼은 것이라고 볼 수 있다. 또 그는 이 책을 통해 '안티크리스트'의 이미지를 종래의 부정적(否定的), 악마적인 것에서 새로운 시대, 새로운 삶의 여명을 여는 친(親)자연적, 창조적인 존재로서 긍정적인 것으로 바꾸고 있다는 데서 그의 독창성이 다시 한 번 드러나고 있다. 니체는 이 책의 부제를 '기독교에 대한 저주'라고 붙였으며, '서문'에서는 "이 책은 극소수의 사람들을 위한 것이다"라고 적고 있다. 즉 그는 한편으로 종교나 도덕으로서의 기독교에 대하여 직접적으로 공격하고 있으며, 다른 한편으로 더 나아가 현대의 도덕과 철학뿐만 아니라 정치, 정의, 인간의 평등, 민주주의 등, 기독교와 직접 관련되어 있거나 또는 기독교의 전통 속에서 형성되어온 가치관들을 비판하고 공격함으로써 사실상 '모든 가치의 전도(顚倒)'를 꾀하고 있다. 그것을 이해해주는 사람이 당대에는 극소수에 지나지 않으리라는 것을 그는 이미 예상하고 있었던 것이다. 니체의 사상 전체가 어떤 의미에서는 기독교와의 대결이었다고도 볼 수 있지만, 이《안티크리스트》는 그 어느 때보다도 기독교 및 기독교도에 대한 가장 과감한 도전이었다. 그는 여기서 기독교 교회뿐 아니라, 기독교라는 제도 자체, 기독교의 토대를 만든 인물들, 그리고 기독교의 제도에 편승하는 '그릇된' 철학 및 사회 윤리, 도덕, 체제 등 전반적으로 지금까지 의문시되지 않았던 것들에 대하여 통렬한 비판을 가하면서 새로운 성찰을 요구하고 있는 것이다.

이 책의 본문에서는 예수 그리스도, 바울, 사도들, 기독교도, 성직자들을 바라보는 니체의 독특한 가치관이 잘 나타나 있다. 예를 들어 진짜 "기독교도는 오직 하나 뿐"이었고 "그는 십자가 위에서 죽었던 것이다"라고 예수 그리스도를 가리켜 말하는 데서, 그와 그의 죽음 후에 기독교를 전파시킨 인물들(즉 사도들)을 예수와는 "정반대되는" 인물들로 대조시키고 있는 점, 그중에서도 특히 기독교의 반석을 튼튼히 세운 인물로 알려진 사도 바울(Paulus)을 가장 통렬하게 공격하고 있는 점, 그리고 기독교의 속성을 나약함과 비열함과 몰락의 그림자로 가득 찬 '데카당스'의 현상으로 보는 데서 알 수 있다. 니체는 특히 이 기독교의 논리적 체계를 세운 사람인 바울을 최초의 기독교도라고 부르면서, 자신의 기독교에 대한 비판의 핵심이 예수가 아닌 바울이라는 것을 더욱 강조하고 있다. 여기서 바울은 간질병환자, 논리의 대가, 증오의 화신, 자신의 권력을 위해서 기독교를 철저하게 이용하는 인물로 묘사되고 있다. 만약 바울이 없었다면 지금과 같은 모습의 기독교는 전혀 존재하지 않았을 거라고 니체는 보고 있는 것이다. 또한 그는 자신이 젊은 시절에 그토록 존경했던 음악가 바그너에 대해서도 논박하면서 그를 전형적인 '데카당스' 예술가로 폄하하고 있다. 니체는 자신이 살고 있는 시대를 데카당스 시대로 보면서, 바로 이것을 자기 안에서 극복하고자 한다. 시대가 데카당스적인 것은 데카당스적 종교와 도덕의 영향을 받아서 그렇게 된 것이며, 따라서 예술도 삶과 세상을 부정하고 상승하는 삶의 도덕을 증오하는 데카당스적인 예술로 바뀌고 있음을 간파한 니체는, 이러한 것들을 삶의 자기 긍정, 자연과 건강함과 명랑성으로의 회귀를 통해서 극복하고자 한다. 음악가 바그너가 그렇듯이 독일에서 철학자로서 대단한 지위를 차지하고 있는 칸트(Kant)에 대한 니체의 비판 역시 매우 신랄하다. 니체가 보기에 칸트는 겉으로는 '이성(理性)'을 옹호함으로써 기독교적인 신앙의 맹목성에서 벗어나고자 한 것 같지만, 사실은 그가 주장하는 '순수이성'이나 '실천이성' 같은 추상적이고 모호한 개념들 역시 신(神)이나 도덕, 정언적 명령 등을 강조함으로써 오히려 고전적 형이상학의 개념이나 이상(理想)적인 것으로 되돌아가려고 시도하고 있다고 비판하고 있다. 니체는 칸트가 마치 종교가 그러하듯이 실제로 존재하지도 않은 '진실한 세계', '순수'한 이성, 그리고 '세계의 본질로서의 도덕', '현실은 가상에 지나지 않는다'는 등 기독교와 비슷한 이해하기 힘든 개념들을 만들어 낸 오류를 범하고 있다고 보고 있는 것이다. 이 책에서는 일반적인 '독일인들' 역시 니체의 공격을 피해가지 못한다. 니체의 눈에 독일인들은 바로 그가 고대의 가장 탁월한 국가였다고 생각하는 '로마제국'을 멸망시킨 장본인이며, 또 중세에 와서는 "유럽이 거둬들여야 할 마지막 위대한 문화적 수확을 (……) ─ 바로 르네상스(Renaissance)의 수확"을 "유럽으로부터 빼앗아"버렸기 때문이다. 왜냐하면 르네상스는 기독교의 모든 가치를 전환시킬 수 있는 가능성을 가지고 있었는데, 독일인들이 종교개혁을 일으킴으로서 그 가능성을 없애버렸기 때문이라는 것이다. 다른 한편, 니체는 전반적으로 기독교를 비롯한 '종교' 일반을 비판하고 있으면서도, 불교에 대해서는 기독교에 비해 매우 현실적이라는 측면에서 조금은 더 긍정적으로 보고 있다. 즉 불교는 형이상학적인 신의 존재에 대하여 이야기하고 있는 것이 아니라, 현실적으로 세상을 바라보면서 '고통에 맞서' 이를 극복하고자 노력하는 종교이기 때문이라는 것이다. 즉 불교는 기독교처럼 하층민 사이에서 생겨난 종교가 아니라 이미 정신적으로 성숙한 종족의 귀족층에서 생겨난 종교로, 원한과 증오를 심어주는 것이 아니라 인간을 평화롭고 고요하고 밝은 세계로 인도하는 종교이기 때문이라는 것이다. 이처럼 니체는 기존의 유럽의 모든 사상들을 재고찰하고 그 가치에 대해 가장 과격하게 회의하고 공격하면서 재성찰의 단서를 제공한 철학자였다. 물론 니체의 의견이 모두 다 합리적인 것만은 아니고 거기에도 모순과 오류가 있는 것이 발견되지만, 그래도 이《안티크리스트》에서 그는 모든 중요한 서구의 '민주주의', '진리', '도덕', '신념', 등등의 주제들에 대하여 본격적으로 회의를 품는 방식을 과감하게 보여주고 있는 것이다.

니체의 다른 저작들에서와 비슷하게 이 책에서도 그의 문체에서 종종 아포리즘(Aphorismus) 형식이 발견된다. 아포리즘은 경구·잠언 같은 짧은 내용들이 삽입되어 우리에게 익숙하게 여겨졌던 대상들을 낯설게 제시함으로써 우리에게 그것들에 대해 달리 생각하도록 유도한다. 또한 한 문장 속에 주어를 여러 개 계속해서 이어지게 하거나, 여러 개의 글이 짧게 쉼표로 연결되어 숨 가쁘게 나열하기도 하고, 중간 중간에 자주 줄표(─) 또는 말줄임표(……)를 사용하고, 문장의 뒤에 가서 주어들을 연이어 나열하는 등의 방식으로, 니체는 문장 자체의 어순을 바꾸는 것을 서슴지 않음으로써 우리의 사고(思考)를 도발하고 고양시킨다. 이러한 문체의 기법은 읽는 독자들에게 예상치 못한 내용으로 이어지는 반전(反轉)과 극적인 전환의 짜릿함을 맛보게 하기도 하지만, 또 한편으로는 이따금 격양된 저자의 심정을 그대로 실감나게 느끼도록 해주기도 한다. 역자는 이 번역서의 원본으로 1895년에 나우만 출판사에서 출간된 초판본(Nietzsche's Werke. Band VIII.: Antichrist. Leipzig: C. G. Naumann Verlag, 1895)을 사용했고, 그 이후에 출판된 몇몇 판본은 비교용으로 참고했다. 초판본에서는 니체가 강조하고자 한 단어나 구절들이 글자들 사이를 띄어 쓰는 방식으로 표시되었는데, 그러한 단어들을 역자는 이 번역서에서 굵은 고딕체로 표시하였다. 이러한 요소들을 감안하여 니체 특유의 문체의 흐름을 따라 천천히 생각을 하면서 읽는다면, 독자들은 그의 거의 최후의 저작이자 그의 사상의 모든 것이 압축되어 담겨 있다 할 수 있는 《안티크리스트》의 정수(精髓)를 깊이 있게 음미할 수 있을 것이다.

◇ 니체 연보

1844년 10월 15일, 프로이센(Preussen: 독일) 작센 주(州)의 소읍인 뢰켄(Röcken)에서 루터교회 목사이자 전직 교사였던 카를 빌헬름 루트비히 니체(Carl Ludwig Nietzsche, 1813-1849)와 어머니 프란치스카 욀러(1826 ~ 1897)의 장남으로 태어나다. 그의 정식 이름은 프리드리히 빌헬름 니체(Friedrich Wilhelm Nietzsche)이다.

1846년(2세), 그의 여동생 엘리자베스 니체(~ 1935)가 태어나다.

1848년(4세), 2월, 남동생 루드비히 요제프가 태어나다. 2월에 마르크스와 엥겔스가 〈공산당 선언〉을 발표하다. 같은 달에 프랑스에서 〈2월혁명〉이 일어나다.

1849년(5세), 7월 30일, 니체의 아버지가 뇌질환으로 사망하다.

1850년(6세), 2월, 그의 어린 남동생 루드비히 요제프가 죽다.
4월, 니체의 가족은 뢰켄에서 멀지 않은 잘레(Saale) 강변의 나움부르크(Naumburg) 시로 이사를 하다. 니체는 그곳에서 할머니와 어머니 프란치스카, 아버지의 결혼하지 않은 두 자매, 두 하녀들과 함께 살며, 초등학교에 입학하다.

1854년(10세), 나움부르크에 있는 돔 김나지움((Domgymnasium)에 다니기 시작하다. 특히 음악과 언어에서 재능을 발휘하기 시작하다.

1856년(12세), 니체의 할머니가 세상을 뜨자, 니체의 어머니는 두 자녀를 데리고 따로 집을 구해 이사하다.

1858년(14세), 나움부르크 근교의 유명한 기숙사 학교인 슐포르타(Schulpforta)에 입학하여 그곳에서 우수한 학생으로 학업을 이어가다.

1860년(16세), 문학과 음악을 위한 서클 〈게르마니아(Germania)〉(1860 ~ 1863)를 만들다. 이 해에 독일 철학자 쇼펜하우어(Schopenhauer)가 사망하다.

1862년(18세), 열두 살 때부터 자주 일어나는 두통으로 고생하다. 논문 〈운명과 역사〉를 게르마니아 회합에서 발표하다.
1860년대 초반에 니체는 미국 작가 에머슨(Ralph Waldo Emerson, 1803 ~ 1882)이 쓴 수필집을 읽고 그 영향 아래 역사와 운명에 관한 첫 번째 철학적 에세이를 쓴다.
니체는 학업을 계속하면서, 파울 도이쎈(Paul Deussen), 칼 폰 게르도르프(Carl von Gersdorff)와 친구가 되다. 도이쎈은 훗날 인도학 연구가로서 추밀고문관이 된 인물이다. 이 학교에서 니체는 특히 고대 그리스와 로마의 문학에 대해서 중요한 입문 과정을 이수하다. 그 동안에 그는 기독교적인 환경에서 이루어지는 가족의 삶과 처음으로 거리를 두게 되다.

1864년(20세), 슐포르타 학교를 졸업하다. 졸업직후에 니체는 〈미지(未知)의 신(神)에게(Dem unbekannten Gott)〉라는 시를 쓰다.

10월, 독일 서부의 라인강변에 있는 본(Bonn) 대학으로 가서 신학(神學)과 고전문헌학(古典文獻學, klassische Philologie)을 공부하기 시작하다. 그러나 한 학기 후에 어머니의 분노에도 불구하고 신학 공부를 중단하고, 자신의 기독교 신앙도 상실하다. 그 후 니체는 프리드리히 빌헬름 리츨(W. Ritschl) 교수 밑에서 학업에 집중하다.

1865년(21세) 11월, 리츨 교수의 권유로 〈고전문헌학회〉를 결성하다. 12월, 리츨 교수를 좋아하여 그를 따라 라이프치히 대학으로 옮기다. 이 해에 니체는 쇼펜하우어(Schopenhauer, 1788 ~ 1860)의 저서 《의지와 표상으로서의 세계(Die Welt als Wille und Vorstellung)》를 읽고 그가 자신의 우울한 취향에 잘 부합한다는 사실을 발견하고 감명을 받다.

1866년(22세) 1월, 〈고전문헌학회〉에서 〈테오그니스의 최종(最終)판에 대해서〉를 발표하다. 리츨 교수의 격찬을 받고, 문헌학자가 되려고 결심하다.
6월 6일, 프로이센과 오스트리아 사이에 전쟁이 발발하여 두 번 소집되었으나, 고도 근시(近視)로 징집이 연기되다.
니체는 이 해에 출간된 랑게(Friedrich Lange)의 《유물론의 역사》를 읽고 이로부터 큰 영향을 받으며, 이 책이 많은 철학적 문제들을 이해하는 데 큰 도움을 준다는 사실을 발견하다. 또한 자연에 대한 괴테(Goethe, 1749 ~ 1832)의 글들을 읽고, 칸트(Kant, 1724 ~ 1804)의 《판단력 비판》(1790)을 통해 자연철학과 예술철학을 다루는 그의 새로운 이론에 접하게 되며, 자연과학 분야에 관한 책들도 많이 읽다.

1867년(23세), 서기 3세기의 로마 작가 디오게네스 라에르티오스(Diogenes Laertius)에 관한 연구 논문을 1867년 7월 31일에 완성하여, 라이프치히 대학 당국이 수여하는 상을 받고 명성이 알려지기 시작하다.
10월, 군에 자원입대하다. 나움부르크에서 프로이센 포병 연대에 입영하여 한 해 동안 복무하다.

1868년(24세) 3월, 군복무 중 말을 타다가 떨어지는 사고를 당해 가슴을 심하게 다치다. 병원으로 후송되었으나 군복무를 지속할 수 없이 오랫동안 병석에 눕다. 그 결과 장기간의 병가를 받고 다시 학업에 관심을 둘 수 있었고, 10월에 제대하여 라이프치히 대학에 복학하다.

11월, 리츨 부인의 소개로 라이프치히에서 독일 작곡가 리하르트 바그너 (Richard Wagner)와 처음으로 만나다.

1869년(25세) 3월, 라이프치히 대학에서 시험과 논문 없이 그 동안 출판된 저술들만으로 박사학위를 받다. 리츨 교수의 추천으로, 스위스로 가서 바젤(Basel) 대학교의 고전문헌학 담당 원외(員外) 교수에 취임하다. 같은 달에, 〈호메로스와 고전 문헌학(Homer und die klassische Philologie)〉이라는 제목으로 바젤대학에서 교수 취임 강연을 하다. 그러나 니체는 몇년 후에는 철학과로 자리를 옮기려고 시도하기도 했으나 성공하지는 못하다.

4월, 동 대학의 임명 규정에 따라 프로이센 국적을 포기하다.

5월, 스위스 루체른 근교에 있는 바그너(Richard Wagner)와 그의 아내 코지마(Cosima)의 집을 처음으로 방문하다.

1870년(26세) 4월, 정교수로 승진하다.

7월, 프랑스와 프로이센 간의 전쟁이 시작되다. 〈디오니소스적 세계관〉을 쓰다.

8월, 프랑스-프러시아 전쟁(보불전쟁) 동안 프로이센을 위해 위생병으로 복무했던 니체는 이질과 디프테리아에 걸려 제대하고, 다시 바젤 대학교로 돌아오다. 그러나 이후 불면증과 심한 편두통 등 건강상의 문제들에 평생 주기적으로 시달리게 되다.

프로이센이 독일을 통일하여 독일제국(Deutsches Reich)을 창설하다.

1870년과 1871년에 걸쳐 니체는 자신 안에 예술과 철학, 학문이 동시에 성장하고 있음을 느끼면서 소크라테스와 비극, 디오니소스적 세계 등을 주제로 한 강의를 계속하다.

1871년(27세), 2월에 병으로 휴가를 얻어 루가노에 6주간 체류를 하면서《음악의 정신으로부터의 비극의 탄생(Die Geburt der Tragödie aus dem Geiste der Musik)》을 집필하다. 그리고 이를 바그너에게 헌정하다.

1872년(28세),《비극의 탄생(Die Geburt der Tragdie)》을 출판하다. 비록 스승인 리츨 교수 등은 이 책에 대해 별로 관심을 보이지 않았으나, 이 책은 그가 앞으로 단지 학계의 평범한 학자로 머물지 않을 것임을 예고해주었다. 본격적으로 그리스 비극들을 다루는 이 책에서 니체는 그리스 비극을 디오니소스와 아폴론이라는 두 신이 속성인 어둠과 밝음의 양면성을 통해 새로운 미학적 해석을 제시하려고 시도하다. 특히 이 책에서 그는 일반적으로 알려져 있던 소크라테스식의 낙관주의와 도덕주의에 대해서도 비판적인 입장을 보이다.

1873년(29세),《반시대적(反時代的) 고찰(Unzeitgemäße Betrachtungen)》의 제1부〈신앙고백자 및 저술가 다비드 슈트라우스〉를 출판하다. 극심한 편두통이 시작되다.

1875년(31세), 눈병과 위병을 앓다.

1876년(32세), 건강이 악화되어 2월 중순에 대학 강의를 중단하다.
4월, 제네바에서 네덜란드의 여류 음악가 마티르데 트란페다드에게 구혼했으나 거절당하다.
7월,《반시대적 고찰》의 제4부〈바이로이트에 있어서의 리하르트 바그너〉를 출판하다.
병 때문에 휴직하고 이탈리아로 건너가서 쏘렌토에 체류 중이던 바그너 일가와 마지막 교제를 하다.

1878년(34세), 니체 특유의 경구가 가득《인간적인 것, 너무나 인간적인 것(Menschliches, Allzumenschliches)》(부제: 자유의 정신을 위한 책) 제1권을 출판하다. 이 책은 관점이나 표현법에서 그의 첫 저작과 큰 차이를 보이며, 프랑스 계몽주의의 아버지 볼테르(Voltaire)에게 헌정되었다. 바그너는 여기서 보이는 니체의 새로운 관점에 크게 반발하면서 그를 비난하고 그와의 사이가 멀어지다.

1879년(35세), 건강이 더욱 악화되면서 니체는 결국 바젤 대학교의 교수직을 사임하다. 이때부터 1880년까지《인간적인 것, 너무나 인간적인 것》의 제2부 상권〈갖가지 의견과 잠언(箴言)〉및 제2부 하권〈방랑자와 그 그림자〉를 출판하다.
바젤 대학교에서 퇴직한 이후 그는 강연도 그만두고, 대학에서 나오는 작은 규모의 연금을 받고 살아가다. 이후 10년 동안 병든 몸이 적응할 수 있는 곳을 찾아 베니스, 제노바, 생모리츠, 로마, 소렌토, 니스, 토리노 등 유럽 각지를 돌아다니면서 집필생활에 몰두하다.

1881년(37세), 전년부터 집필 중이던《아침놀(Morgenröte)》을 출판하다. 7월에서 9월까지 스위스 엥가딘 지역의 실스-마리아(Sils-Maria)에 체류하는데, 8월에 실바플라라 호반에서 '영원회귀(永遠回歸)'의 사상이 떠오르다. 그리고 이후 해마다 여름을 그곳에서 보내게 된다.
《즐거운 학문》을 쓰기 시작하다. 그 시절 제자이자 친구인 페터 가스트(Peter Gast)에게 보낸 편지에서 그는 자신이 정신적으로 매우 위험스러운 삶을 영위하고 있으며 마치 "폭발 가능한 기계"가 되어가고 있는 것 같다고 고백하다.

1882년(38세), 4월, 마이젠부크와 친구 레의 초청으로 로마에 가서 러시아 여성 루 폰 살로메(Lou Salomé, 1861 ~ 1937)를 알게 되다. 상트페테르부르크에서 태어난 살로메(위그노의 후손인 그녀의 아버지는 발트해 연안의 독일인으로서 러시아의 장교였다)는 1880년 9월 학업을 위해 러시아를 떠나 취리히 대학교로 온다. 이후 그녀는 릴케의 친구이자 연인이 되며, 프로이트와도 돈독한 우정을 나누게 된다.

5월, 니체는 친구 레와 동시에 살로메에게 구혼하였으나 거절당하다.

8월,《즐거운 학문(Die fröhliche Wissenschaft)》을 완성하다.《차라투스트라는 이렇게 말했다 (Also sprach Zarathustra)》의 제1부의 구상이 이루어지다.

10월, 살로메와의 관계가 끝나다.

1883년(39세) ~ 1885년, 이탈리아의 제노바 인근의 마을 라팔로, 스위스의 실스-마리아, 니스 등지에서 머물면서 계속해서《차라투스트라는 이렇게 말했다》제1부 ~ 제4부까지를 완성하여 자비로 출판하다.

1883년 2월 13일, 바그너가 사망하다.

이 해부터 발광하기 한 해 전인 1888년까지 대체로 여름은 실스-마리아에서, 겨울은 니스에서 보내다.

1886년(42세), 봄에 니스에서《선악의 저편(Jenseits von Gut und Böse)》(부제: 미래철학에의 서곡(序曲))을 완성하여, 8월에 자비로 출판하다.

가을,《즐거운 학문》의 제5권〈우리들 무서움을 모르는 자들〉을 탈고하다.《인간적인 너무나 인간적인》의 제1권과 제2권에 각각 새로운 서문을 붙여서 출판하다.

1887년(43세),《차라투스트라는 이렇게 말했다》제1부, 제2부, 제3부를 묶어서 신판을 출판하다.

7월,《도덕의 계보학(系譜學)(Zur Genealogie der Moral)》을 완성하고 11월에 자비로 출판하다.

1888년(44세), 4월, 코펜하겐에서 덴마크의 독문학 교수 브란데스(G. Brandes)가〈독일의 철학자 프리드리히 니체에 대해서〉라는 제목으로《차라투스트라》에 대하여 강의를 시작하다. 이로써 이 책을 세상에 알리는 계기가 되다.

7월,《바그너의 경우 - 음악가의 한 가지 과제 (Der Fall Wagner)》를 탈고하고 9월에 출판하다.

8월,《우상의 황혼(Götzen-Dämmerung oder Wie man mit dem Hammer philosophiert)》을 탈고하다.

9월,《안티크리스트(Der Antichrist)》를 완성하다.

10월 15일에 자서전《이 사람을 보라(Ecce Homo)》(부제: 이 사람은 어떻게 본연의 자신으로 돌아가는가)의 집필을 시작해서 11월 4일에 완성하다.

12월, 니체는《이 사람을 보라》를 출판사에 보내다.

12월,《니체 대 바그너(Nietzsche contra Wagner)》가 완성되다.

시(詩)〈디오니소스 송가(Dionysos-Dithyramben)〉가 완성되다.

1889년(45세), 1월 3일 아침, 이탈리아 토리노(Torino)의 카를르 알베르트 광장에서 졸도하다.

27일, 어머니가 독일 예나로 데려가 예나 대학 부속병원에 입원시키다. 니체는 정신병 발작을 일으킨 후 완전히 정신 상실자가 되었고, 이때부터 어머니와 함께 예나에서 거주하다. 그리고 이후 생애의 마지막 10년을 정신병자의 상태로서 보내다.

1월 말,《우상의 황혼(Götzendämmerung)》을 출판하다.

《니체 대 바그너》가 한정판으로 출간되다.

1890년(46세) 5월 13일, 어머니의 간호 아래 나움부르크로 돌아가다.

1891년(47세), 제자 페터 가스트가 니체의 어머니의 부탁으로 나우만 서점과 상의하여 전집 발행을 계획하다.

1894년(50세), 니체의 병세가 악화되어 외출을 못하게 되다.

2월, 최초의《니체 문고》를 나움부르크의 집에 설치하다.

1895년(51세), 프리츠 쾨겔(Fritz Koegel) 편의 《니체 저작집 (Nietzsche's Werke)》에서 《안티크리스트》와 《니체 대 바그너》를 처음으로 공개하다.

1897년(53세), 어머니가 사망하다. 누이동생 엘리자베트가 니체를 바이마르의 집으로 옮겨 가정부의 간호를 받게 하다.
1899년(55세), 누이동생이 니체의 세 번째 전집 간행을 추진하다.

1900년(56세), 니체는 8월 25일 정오경에 바이마르에서 사망하다. 니체가 사망하자, 누이동생 엘리자베트가 그를 28일, 고향 뢰켄에 있는 아버지의 묘 옆에 안장하다.